중년을 위한 창업의 정석

중년을 위한 창업의 정석

창업 준비의 모든 것

김준호 지음

"중년창업, 이 책을 읽기 전에는 준비하지 마라!"

에밀
E-MEAL

실패하지 않는
창업을 위한 첫걸음

·: 좋아하고 잘하는 일이라고 생각했던
첫번째 창업

공부가 하고 싶었다. 공부가 좋아서라기보다는 짧은 가방끈을 늘여 붙이고 싶었다는 게 더 솔직한 심정일 것이다. 학업을 일찍 중단한 것이 늘 아쉬웠지만 직장을 다닌다는 핑계로 나 자신을 외면하며 살았다. 캐나다로 어학연수를 같이 가자는 친구의 권유에 냉소적인 태도를 보였지만 마음은 벌써 비행기 안에 있었다. 스물아홉, 다니던 직장을 그만두고 캐나다행 비행기에 올랐다.

캐나다에서 어학연수가 끝날 무렵 한걸음 더 나아가 아예 호주에 있는 대학으로 유학을 시도했다. 가장 큰 문제는 학비와 생활비였다. 첫 학기는 부모님의 도움으로 어찌 해결한다 해도 다음 학기부터가 문제였다. 공부하며 먹고살 일이 막막했다. 고심 끝에 한국에서 조리사 자격증을 취득했고, 그 자격증으로 호주 한인 식당에 어렵지 않게 취직할 수 있었다. 그곳에서 식당일을 하면서 새로운 세상에 눈뜨게 되었다. 음식 만드는 것이 재미있었다. 조리를 할 때면 머릿속에서 저절로 재료의 배합이 떠오르고 굳이 맛을 보지 않아도 머릿속에서 맛을 감지할 수 있었다. 탁탁 끊어지듯 절도 있는 육체노동에 작은 희열을 느끼고 콧노래를 흥얼거리며 일할 수 있었다. 나에게 음식을 만드는 데 타고난 소질이 있다는 사실을 그때 알았다. 내 인생에 새로운 장이 펼쳐지는 순간이었다. 그곳에서 그렇게 3년을 넘게 일했다. 덕분에 돈 문제도 해결하고 학교도 다닐 수 있었다. 한국은 한창 IMF 칼바람이 불던 시절, 나는 태평양 저 건너편 호주 시드니에서 서른둘의 나이로 요리하고 공부하며 새 학기를 맞이했다.

귀국하고 몇 년 뒤 대학원에서 석사를 마쳤다. 그렇게 하면 나의 가방끈에 대한 오랜 콤플렉스가 풀릴 줄 알았다. 그런데 아니었다. 나보다 더 큰 사람을 만나면 여전히 주눅이 들었다. 결국 나의 콤플렉스는 해결된 것이 아니라 단지 예쁘고 질 좋은 포장지로 겉만 그럴싸하게 포장되었을 뿐이었다. '나는 왜 아직도 힘들까?'를 고민해보았다. 세상이 정해 놓은 법칙에 사로잡혀 허우적거리고 있는 내 모습을 발견할 수 있었다. 성공이라는 갈망에 얽매여서 어떻게 하면 빨리 성공할 수 있을지만 고민했다. 음식점 창업이 답이라는 결론에 도달했다. 내가 좋아하는 일이자 잘하는 일이었다. 그런 조급한 마음이 첫 창업으로 이어졌다. 서른여덟의 나이에 나는 첫 번째 음식점을 창업했다. 타고난 재능과 충분한 경험, 열정 그리고 젊음이라는 밑천이 있었으니 성공은 자연스러운 귀결이라고 생각했다. 모든 것이 준비되었으니 무서울 게 없었다.

나는 왜 실패했을까

첫 창업을 하고 나서 나는 열정과 의욕으로 가게를 운영했다. 매출도 꽤 괜찮았다. 주방에 들어가 직접 음식을 만들고, 장도 보고, 재료도 준비하면서 식당 주인으로서의 역할에 충실했다. 몸에 익은 일인 데다 내 일이라고 생각하니 더 열심히 했다. 목표는 가게 하나를 제대로 키워 외식 프랜차이즈 기업을 만드는 거였다. 그래서 종종 언론에 소개되는 성공한 사람들처럼 돈도 벌고 외제차도 타고 떵떵거리며 사는 모습을 상상했다.

첫 번째 가게가 어느 정도 궤도에 오르자 두 번째 가게를 개점했다. 조금 무리를 해서라도 빨리 성공하고 싶은 마음에 하나를 더 확장한 것이다. 빨리 성과가 나지 않자 마음이 조급해지기 시작했다. 그때부터 주위의 시선을 의식하기 시작했다. 식당 주인이라고 사람들이 무시하는 것 같고 주위에서 인정받지 못하는 것 같은 느낌이 들었다. 알량한 자존심이 비집고 고개를 들면서 빨리 외식 프랜차이즈로 돈을 벌어서 외식 기업의 사장이 되어야겠다는 생각이 머릿속을 꽉 채웠다. 주위의 걱정 어린 충고에도 다른 사람들은 사업적 마인드가 없다고 무시해버렸다. 나는 무조건 성공할 거라고 맹신했다. 이 무슨 오만과 편견으로 똘똘 뭉친 생각이란 말인가. 돌이켜보면 얼굴이 뜨거워지고 고개가 절로 수그려지는 낯부끄러운 생각이지만, 당시 나는 욕망에 휩싸여 멈추지 못하고 점점 더 앞으로만 가려 했다.

얼마 후 가게를 하나 더 열면서 가게는 세 개가 되었다. 이제 더는 장사가 아니었다. 어느덧 나는 음식점을 세 개나 운영하는, 보기에는 그럴듯한 사장이 되어 있었다. 그러다 보니 관리하는 일로 하루 일과가 지나가고 좋아하던 요리를 더 이상 하지 않게 됐다. 겉으로는 그럭저럭 굴러가는 듯했지만 이익이 나질 않았다. 돈을 벌어야 한다는 다급해진 마음에 빚을 얻어 사업을 더 확장했다. 멈추지 못하고 허둥거리며 앞으로만 가려고 하면서 실패하는 수순을 차례로 밟았던 것이다. 지금 돌아보면 사업을 축소하고 하나에 집중했어야 했다. 하지만 늘어난 씀씀이를 줄이기 힘든 것처럼 이미 커져버린 욕심의 크기를 줄이기란 불가능했다.

불안한 마음을 달래기 위해 모 대학 외식산업 고위자 과정을 다녔다. 목적은 공부를 좀 더 하는 것이었으나 막상 가보니 사회적 인

맥을 확장하려는 모임의 성향이 강해 다소 실망하기도 했다. 지나친 욕심은 잘못된 질문을 낳는다. '사업해서 성공한 사람들의 비결은 무엇일까?', '그 사람들은 어떻게 해서 돈을 번 것일까?' 나를 줄곧 시달리게 만들었던 질문이다.

나는 호기심이 많은 편이고 성격도 좀 급하다. 새로운 일에 마음이 끌리고 무언가 새롭게 시도해보고 싶은 일이 생기면, 소위 '필'이 꽂혀 그냥 저지르고 마는 성격이다. 그런 내 마음에 불을 붙이는 사건이 있었다. 이름만 대면 알 만한 유명한 외식 기업 대표의 강의를 듣고 난 후부터였다. 그는 외식업 성공 법칙을 강의했는데 그가 강의에서 강조한 성공 법칙은 '고객 가치에 충실하라'라는 것이었다. 지금 생각해보면 뻔한 논리인데 후광효과였을까, 당시에는 그 말이 내 가슴에 와 박혔다. '고객 가치란 무엇인가?'를 두고 고민하기 시작했다. 비로소 제대로 된 질문을 찾은 것 같아 성공에 좀 더 가깝게 접근하는 기분이 들었다. 무슨 생각에 어디서부터 그런 발상이 나왔는지는 모르겠지만, 나는 고객 가치가 새로운 창업의 도전이라고 결론 내렸다.

그때 섬광처럼 스치고 지나간 아이템이 '베트남 쌀국수 전문점'이었다. 당시만 해도 베트남 쌀국수 전문점은 이미 유행이 한번 휩쓸고 지나간 다음이었다. 하지만 이미 준비된 사랑에 빠진 나는 자신의 무모한 느낌만 믿고 일을 저지르고 말았다. 내가 시작하면 새로운 유행이 만들어 질 것이라고 맹신했다. 결국 그것이 네 번째 사업으로 이어졌다. 그러나 내 생각이 틀렸다는 것을 확인하는 데는 오랜 시간이 걸리지 않았다. 지금 생각해보면 그렇게 서두르지 말고 시간을 두고 좀 더 심사숙고해서 철저하게 준비하고 시작해도 늦지 않았으리라는 생각에 후회막급하지만, 이미 엎질러진 물. 준비 없는 창업은 빚만 남기고 실패로 끝났다. 나와 내 가족은 궁핍의 고통에 시달렸다.

'나는 왜 실패했을까?' 사업을 접고 한동안 쓰린 마음으로 줄곧 복기했던 질문이다. 나는 음식에 소질도 있고, 경험도 많고, 의욕과 열정도 충분했다. 이론적 부분이 부족하다고 생각하여 경영학 공부도 많이 했다. 나중에야 느낀 사실이지만 선무당이 사람 잡는다고 어설픈 공부는 오히려 독이 된다는 사실을 알았다. 그래서 직접 체험하지 않고 현실에 반영할 수 없는 이론을 아는 것은 오히려 더 위험하다. 오랜 고민 끝에 내가 내린 사업 실패의 결론은 이랬다. '나는 나를 몰랐다. 그리고 사업이 무엇인지도 몰랐다.' 이것이 나의 사업 실패 원인이었다.

나의 사업이 실패한 것은 창업 아이템을 잘못 선정한 것에서부터 시작되었다. 단지 요리하는 것을 좋아한다는 이유로 나는 외식업 창업을 선택했다. 음식 만드는 것만 좋아할 뿐 어떻게 고객을 상대하고 음식을 제공해야 하는지, 그런 행위가 돈으로 어떻게 연결되는지, 벌어들인 돈을 어떻게 관리하고 재투자해야 하는지, 그래서 일련의 그런 행위들이 어떻게 음식 사업의 성공으로 이어질 수 있는 것인지, 그 생산의 순환 고리를 몰랐다. 한마디로 나는 사업적 기질이 부족한 사람인 것이다.

사업적 기질이 있는 사람은 장사 셈이 밝다. 그런 사람들은 목표를 세워놓고 그것을 달성하기 위해 수단과 방법을 가리지 않으며, 성취욕이 무척 강하다. 일은 단지 일일 뿐이라고 생각하고, 일에 어떤 삶의 의미도 부여하지 않는다. 이런 외향적인 사람들은 사람을 만나는 것을 좋아하고 자신의 목적을 달성하고자 타인과 교류하고 소통하는 것 자체를 즐긴다.

하지만 나는 그러지 못했다. 재능과 열정만 있으면 성공하리라고 맹신했다. 누구나 그렇듯 다른 사람은 실패한다고 해도 내가 하면 성공할 것 같았다. 나는 종종 지인들한테 이런 말을 한다. 내가 주방장을 했으면 성공했을 텐데, 사업을 했기 때문에 실패했다고. 홀 매니저가 음식점을 창업하면 솜씨 좋은 주방장이 음식점을 창업하는 것보다 잘될 가능성이 큰 것과 같은 맥락이다.

∴ 남의 눈을 의식하지 않고
자유로워지면 보이는 것

중년이 되면서 새삼 느낀 것 중 하나가 생각보다 나 자신에 대해 잘 모르는 부분이 많다는 사실이다. 50년 넘게 살았으니 내 속의 구석구석까지 알 만도 한데, 가끔씩 발견하는 나의 낯선 모습에 '내게 이런 면이 있었나?' 하며 적잖이 놀랄 때가 있다. 나는 내가 사람들한테 잘 맞춰주는 온순한 성격이라고 생각한다. 그러나 한편 그 이면에는 자신의 속내를 잘 드러내지 않는 계산적인 마음이 숨어 있다는 사실을 알았다. 상대방과 대화할 때 어떤 얘기에도 동의하는 것 같은 표정을 짓지만, 속으로는 빨간색 펜을 들고 상대의 말에 맞고 틀림을 채점하고 있는 나 자신을 발견하곤 한다. 상대방의 감정을 배려한다고 생각하여 면전에서 상대 의견을 반박하거나 동의하지 않는다고 말하기를 꺼려 한다.

문제는 나의 이런 성격이 사업을 운영 하거나 고객을 대하는 데도 나온다는 것이다. 외식업계의 미다스 손으로 알려진 오진권 대표는 장사의 성공 법칙을 "고객이 이기게 하라"라고 말했는데, 돌이켜보면 나는 장사할 때 그렇게 하지 못했다. 철저히 계산적인 관계의 시각으로만 고객을 대했다. 고객은 단지 내가 제공하는 서비스에 당연히 그 대가를 지불하고 가야 하는 존재로만 여겼다. 장사라는 게 무릇 고객을 섬기듯이 해야 하는 것인데 나는 이게 잘 안됐다. 걸인이나 노숙자 같은 사람들이 와도 반갑게 맞이하고 음식을 대접할 수 있어야 하는데, 나는 그런 사람들에게 진심으로 고개 숙이고 대접할 수 없었다. 나에게 맞지 않는 옷을 입은 것처럼 불편해 하기만 하고, 뒤로만 숨어버리니 장사가 잘될 리가 없었다. 그런 마음은 지금도 마찬가지다. 그런 타고난 기질은 바꾸기 어렵다. 그래서 나에게 가장 힘든 일이 '고객 상대'였다. 나중에 깨달은 사실이지만, 그러한 경영자의 가치관은 그대로 고객에게 전달된다.

나는 지금 서울신용보증재단이라는 회사에서 창업 컨설턴트로 근무한다. 그러고 보면 나는 사는 동안 네 개의 직업을 가진 셈이다. 전공인 인테리어 디자이너로서의 출발, 오랜 기간은 아니지만 영어 과외 선생님으로서의 경력, 내 운명의 직업이라고 착각했던 외식 사업 경영자, 그리고 지금의 창업 컨설턴트다. 어느 직업 하나 애착이 가지 않는 일은 없지만, 나는 지금의 창업 컨설팅 일이 나의 기질에 잘 맞는다고 생각한다. 이것이 내가 가장 잘할 수 있는 일이지 않을까 싶다. 컨설턴트라는 직업은 다른 사람에게 지식과 정보를 제공하고 사업의 방향을 같이 고민해야 하는 일인데, 그런 일이 나에게 만족감을 준다. 내가 경험한 사업 실패가 그들과 소통하는데 많은 도움이 된다. 창업을 준비하는 사람과 대화하고 소통하며 내 경험과 정보를 공유하다 보면 소명감과 함께 내가 살아 있음을 느낀다.

나는 내 안의 느낌을 따라 지금의 창업 컨설팅 일을 시작했다. 남의 눈을 의식하며 지옥을 경험하고 싶지는 않다. 그렇게 생각하니 조금은 자유로워진 느낌이다. 내가 경험을 통해 내 자리를 찾은 건지는 모르겠으나, 사회의 보편적 주류에 속해야 한다는 위기감에 지금의 일을 선택하지 않은 것만은 확실하다. 적어도 다른 사람의 성공 법칙을 모방하고, 남이 하는 돈 버는 방식을 따라 하고, 세상이 만들어놓은 돈의 가치에 순종하고, 그래야 성공할 수 있다고 거짓말을 하며 살지는 않는다. 지금 생각해보면 방법이 없어 못 할 것 같던 일도, 그렇게 하면 사회에 뒤쳐져 따라 잡을 수 없을 것 같은 일도, 먹고살기 힘들어 굶어 죽을 것 같은 일도 일어나지 않았다. 오히려 내 안에서 울리는 느낌대로 따라가다 보니 나만의 섬에 가 닿을 수 있었다. 결국 그런 거였다.

어떤 일이든
내 안에서 시작된다

나는 창업도 이와 다르지 않다고 생각한다. 창업하여 내 일을 찾아 간다는 것은 내 인생의 주체가 되어 일에 대한 나만의 의미를 부여하는 것이지, 사회가 지향하는 보편적 모습으로 살아가거나 무조건 돈벌이만을 최우선 순위에 두고 고군분투하는 것이 아니다. 지천명의 나이에 이 평범한 사실을 수업료 많이 내고 깨달았으니 많이 돌아온 셈이다. 그러나 늦게라도 알았으니 생활에 실천하려고 노력한다.

온갖 성공의 법칙이 판치는 세상에 내가 이런 주장을 하는 이유는 그래도 몇 번의 시도와 실패로 깨달은 사실이 있기 때문이다. 성공의 법칙도 중요하다. 그러나 실패 사례를 접함으로써 같은 수순을 밟지 않는 것이 우선이다. 중년창업은 책임은 큰 반면, 시간도 경험도 부족하여 이기기 힘든 게임이다. 그것이 현실이다. 한 번에 크게 성공하는 대박 사업보다 꾸준히 버텨 오래 살아남는 내실 있는 창업이 훨씬 중요하다. 창업에 있어 마음가짐과 철저한 준비가 필요한 이유다.

내가 아는 성공한 창업자들은 특별한 아이템으로, 기상천외한 방법으로 성공한 것이 아니다. 그들과 대화를 나누다 보면 그들에게 공통점이 있다는 사실을 알게 된다. 그들은 모두 자신 안에서 일을 찾았다. 거기서 출발했다. 그리고 일의 속성을 파악하여 세상의 흐름과 접목했다. 그것이 씨앗이 되어 자라서 풍성한 열매를 맺었다. 일과, 나와, 세상의 균형점을 찾아 창업 아이템으로 발전시켜 나가는 것, 그것이 성공한 창업자들의 공통점이다. 대단히 성공해 보지도 못한 내가 감히 창업자에게 요구하는 것이 바로 그런 것이다. 현실을 직시하여 일의 속성을 제대로 알고 시작하는 것, 자신을 성찰하여 자기 기질을 발견하는 일, 그런 후 자신과 일이 세상의 트렌드와 어울리도록 균형점을 찾는 것이 성공 창업의 출발이라고 나는 믿는다.

대한민국에서 중년의 나이에 평범한 직장인으로 살면서 자신을 되돌아보며 사는 이가 얼마나 많겠는가. 세상은 그런 여유를 허락하지 않는다는 사실을 나는 잘 안다. 하지만 만약 당신이 창업을 생각하고 있다면, 회사를 그만두고 다시 시작하는 인생 2막의 일을 계획하고 있다면, 이제부터라도 나의 기질은 무엇인지, 나는 무엇을 가장 잘할 수 있는지, 자신을 돌아보고 세상의 흐름을 관찰하는 일부터 시작해야 한다. 그것이 창업의 바른 첫걸음을 내딛는 순서다. 나는 이 메시지가 인생 첫 창업을 준비하는 중년에게 가닿았으면 좋겠다.

인생 첫 창업을 준비하는 중년은 많다. 길이 어디서 시작하는지 몰라 더듬거리고 헤매는 이 또한 많다. 그들에게 창업 첫 출발의 길잡이가 될 수 있다면 좋겠다. 이것이 이 글을 쓰는 목적이다. 이 책이 창업이라는 인생 2막을 준비하는 중년에게 지혜와 용기를 주어 삶의 주인으로 살아가는 데 도움이 되기를 희망한다.

이번에도 도움을 받았다. 책이 나오기까지 보이지 않는 곳에서 항상 응원해주며 따뜻한 자리를 마련해준 아내 전은경과 두 딸 소영, 채원에게 깊은 사랑과 감사를 보낸다.

CONTENTS

Part 2 창업을 위한 최소한의 지식

인생 2막을
준비하는 이들이
삶의 진짜 주인이 되기를
바라며

Part 1

중년창업
어떻게 준비할 것인가

Chapter 1

중년 이후가
진짜 인생이다

퇴직 이후
인생의 고비가 찾아온다

"회사 그만두고 6개월 동안 세상이 이런 거구나 싶을 정도로 온
갖 힘든 일 다 겪었습니다. 회사 다닐 때는 불만도 많았었는데, 막
상 나오고 나서 보니까 회사가 우리 가족 먹여 살리고 제 품위도 유
지하게 해줬더라고요."

그는 불안해 보였다. 건드리면 울 것 같았다. 50년 가까운 세월
을 산 남자가 왜 이렇게 초라해 보이나 싶을 정도로 중년 가장의 어
깨는 처져 있었다. 박진규(가명) 씨는 석 달 전 프랜차이즈 기업에
가맹해 서울 수색동에서 죽 전문점을 창업했다. 그는 창업자금 문

제를 상담하며 그동안 겪었던 장사의 어려움을 털어놓았다.

그는 이른바 사오정('사십오세면 정년'의 줄임말)이다. 회사를 자기 발로 걸어 나오긴 했으나, 실질적으로 나가라고 등 떠민 건 회사니, 15년간 다니던 회사가 원망스러웠다. 나오고 나서 한동안 망연자실했다. '무엇을 해야 하나?' '어떻게 먹고 살아야 하나?' 머릿속은 복잡하지만, 가슴속은 텅 비어 있었다. 이곳저곳 기웃거리다 다행히 재취업에 성공했다. 그러나 영업직이었다. 실적에 따라 급여를 책정한다고 했다. 영업은 아무나 하나. 그는 살면서 한 번도 영업을 뛰어본 적이 없는 사람이었다. 결국 잘 적응하지 못하고 그만두었다.

아내도 생활 전선에 뛰어들고, 고등학교에 다니는 아들도 아르바이트를 한다고 나서니 그의 마음은 더욱 답답했다. 뭐든 해서 돈을 벌어야 했기에 그는 편의점이며 주유소 아르바이트, 대리운전도 해보았으나 '메뚜기 알바'로는 생계를 유지할 수가 없었다.

이대로는 안 되겠다 싶어 창업을 구상했다. 위험부담이 크다는 사실은 알았지만, 그래도 그쪽이 승산이 있을 것 같아 마음을 굳히고 실행에 옮겼다. 유일한 재산인 아파트를 담보로 종잣돈을 마련했다. 이미 대출을 안고 장만한 아파트는 이제 내 것이라 할 수도 없을 만큼 담보대출이 꽉 차 있으니, 전형적인 이 시대의 하우스푸어(House Poor)라 해도 무방하다.

음식이라고는 평생 한 번도 안 해본 사람이 왜 하필 죽 전문점이라는 아이템을 선정했느냐고 묻자, 그는 프랜차이즈에 가맹하여 창업하면 안정적일 것 같았다고 답했다. 글쎄, 프랜차이즈 가맹이 얼마나 안정성을 보장해줄지는 모르겠으나, 박진규 씨는 지금 불안하다. 장사가 안되는 것은 아니지만, 처음 해보는 장사인지라 음식 만들기며 고객 관리며 생소한 일에 여간 긴장한 게 아니다. 게다가 정부 지원 대출을 받겠다고 나와 상담하고 있으니, 마음이 편치 않아 보였다. 자칫 긴장을 놓는다면 집도 날아가고 가족이 모두 거리로 나앉을 수도 있는 상황이다. 박진규 씨의 하루는 고달프다.

문정환(가명) 씨도 이와 비슷한 사례다. 대기업에 입사해 평생 그곳에서만 일해왔던 사람이었다. 나에게 만나자고 요청하고 나온 그의 행색으로 보아 무슨 일이 있었구나 싶었지만, 대학 졸업 후 입사해 20년 가까이 다닌 직장을 그만두었으리라고는 예상하지 못했다. 그는 창업하고 싶다고 말했다. 갑작스러운 그의 발언에 당황한 나는 조심스레 이유를 물었다. 평소에도 구조조정을 한다는 흉흉한 소문이 나돌아 불안하던 차에 영업 실적이 밀려 승진 명단에서 누락되고, 그 때문에 떠밀리듯 회사를 나오게 되었다고 했다.

그는 아무런 준비가 되어 있지 않았다. 개인 사업이나 장사하고는 거리가 먼 뼛속까지 회사원이었다. 그런 그가 창업한다기에 차라리 재취업을 하라고 권했다. 그러자 그는 해볼 만큼 해봤는데 지금 나이에 받아주는 데가 없다며 고개를 떨구었다. 그에게 무슨 일을 하고 싶으냐고 묻자 잘 모르겠다는 답이 돌아왔다. 50년 넘게 살았는데 자신이 무슨 일을 하고 싶은지도 모른다니……. 나는 아무 말도 하지 못했다. 그도 나도 답답한 것은 매한가지였다.

문 씨에게 직장은 따뜻한 온실이고, 든든한 울타리며, 자신의 정체성을 대변하는 모든 것이었다. 그런 그가 이제 온실에서 나와 밀림 속으로 들어가야 한다. 그는 지금 두렵다.

이게 과연 남의 일이기만 할까? 멀쩡히 다니던 직장을 갑자기 그만두게 되는 사례가 이들에게만 일어나는 일일까? 이런 일은 우리 사회에서 비일비재하게 일어난다. 한 해 퇴직자 수가 53만 명 정도라고 한다. 이렇게 퇴직하는 사람은 대부분 가족의 생계를 위해 다시 돈벌이에 매달려야 하는 처지다. 심각한 문제는 이들 대부분이 세상에 나가 홀로 설 준비가 되어 있지 않다는 데 있다. 자기 발로 회사를 걸어 나왔든, 등 떠밀려 억지로 회사에서 내몰렸든 이들이 선택할 수 있는 방법은 크게 두 가지다. 바로 재취업과 창업이다.

그러나 재취업 시장도 그리 만만치만은 않다. 고용노동부 조사에 따르면 퇴직 후 1년 이상 상용직 재취업자는 27.7%, 1년 미만 임시직은 29.1%, 일용직은 16.5%, 자영업이 26.7%라고 한다. 재취업하는 퇴직자가 많은 것처럼 보일지 몰라도 내막을 알고 보면 사정은 다르다. 재취업에 성공한 퇴직자 중 2년 이상 근속하는 사람의 비율은 28.9% 정도밖에 안 된다는 통계조사가 있다. 나머지는 재취업에 성공은 했지만, 오래 버티지 못하고 바로 다시 퇴장하는 현실이다. 이는 젊은이를 선호하는 노동 현장의 경향 때문이기도 하지만, 중년의 퇴작자가 바뀐 노동환경에 잘 적응하지 못하는 적응력의 문제이기도 하다.

창업이라고 사정이 좋은 것은 아니다. 『국세통계연보』에 따르면 2015년 창업한 사업자 중 40대의 비율이 32%로 가장 높았다. 게다가 베이비붐 세대의 은퇴로 50대 이상 창업자는 매년 증가하는 추세다. 그러나 이들의 성공 확률은 재취업 성공 확률보다 낮다. 전체 중년창업자 중 절반 이상이 몇 년 못 버티고 문을 닫는 실정이다. 창업 후 2년 미만에 문을 닫는 가게가 25% 정도라는 사실은 창업의 어려움을 알려주는 바로미터다. 그래서 대부분 창업 관련 서적이나 은퇴 후 노인 문제를 다룬 책에서는 창업에 부정적인 경고를 쏟아내는 것이다.

이렇듯 중년퇴직 이후 위기가 찾아온다. 인생의 보릿고개를 맞은 중년 가장이 살아남을 방법은 없을까? 현실적으로 재취업이 어렵다면 나는 조심스레 인생 2막의 도전을 창업에서 찾으라고 말하고 싶다. 물론 앞에서도 언급했듯이 창업 또한 쉽게 볼 일이 아니다. 창업해서 실패한 이들을 우리는 주위에서 심심찮게 볼 수 있다.

창업은 현실이다. 중년이라는 나이에 이런 상황을 알고도 창업 전선에 뛰어든다는 것은 단순히 성공을 맹신하거나 무모한 객기로 만용을 부리는 것이 아니라는 말이다. 그들은 절실하다. 창업은 이들이 어쩔 수 없이 선택하는 마지막 보루인 셈이다.

그렇다면 어떻게 해야 할까? 창업 시장이 어렵다는 사실은 다들 알고 있다. 하지만 모든 창업이 실패하는 것은 아니다. 문제는 어정쩡한 창업, 아무런 준비도 없이 내지르듯이 벌이는 창업, 유행 따라 이리저리 흔들리며 확실한 콘셉트도 없이 왔다 갔다 하는 창업이다. 창업에 실패하지 않으려면 현실을 직시하여 제대로 준비하는 수밖에 없다. 중년창업일수록 더욱 그렇다. 아직 가야 할 길이 멀고 이뤄야 할 것이 많은 중년 가장이기 때문이다. 준비 또 준비를 강조한다. 창업을 계획하는 중년에게 내가 할 수 있는 말은 오직 준비만이 지금의 어려운 창업환경에서 살아남는 유일한 길이라는 사실이다.

평균수명은 늘어났지만
정년은 늘지 않았다

선배는 우울하다고 했다. 평생 은행에서 근무하며 자부심을 품고 살던 선배였다. 구조조정의 칼바람이 불던 IMF 시절에도, 2008년 세상을 뒤덮었던 금융 위기 때에도 명퇴를 당하지 않고 끝까지 버티며 "나 아직 살아 있다"라고 외치던 자신감 넘치는 모습은 이제 찾아볼 수 없었다.

처음에는 은행에서 본부장까지 하고 나왔으니 "내 할 일 다 하고 나왔다"라고 했다. 은퇴 후 자신만의 인생을 찾겠다며 하고 싶은 일 다 하고, 가고 싶은 데 다 가며 살겠노라고 했다. 실제로 그는 은퇴 후 그렇게 살았다. 늦잠을 자도 뭐라는 사람 없고, 상사의 눈치를 볼 일도 없으니 늦은 오후의 따스한 햇볕을 즐기며 만족스러운 시간을 보냈다. 부인과 호화로운 해외여행도 가고, 지인들과 어울려 놀러 다니고 골프도 치며 여유로운 생활을 누렸다.

하지만 그의 여유는 오래가지 못했다. 지나치게 남는 시간은 그에게 너무 많은 여백이었다. 여유로운 시간이 계속될수록 의욕은 반감하고 흥미는 떨어졌다. 도시락이라도 싸서 회사 근처에 가고 싶은 심정이라고 말했다. 평생 조직 문화에 길든 습성대로 생산적이지 못한 일이 그에게 존재의 의미를 부여하지 못한 탓이었다. 회사를 인생의 전부라고 생각할 정도로 회사일에 자신의 모든 것을 투자하며 살았던 선배에게 은퇴 후 자기 삶을 다독이는 존재의 이유를 찾는 일은 쉽지 않았다. 골프나 여행이 채울 수 있는 부분은 한계가 있었다. 선배를 무기력하게 한 것은 일상에서 삶의 의미를 찾지 못한 데서 오는 일종의 상실감이었다.

선배는 우울증약을 복용한다고 했다. 잠 못 드는 나날이 많고, 기분이 항상 쳐져 있어 마음에 커다란 구멍이 뚫린 것 같다고 했다. 이렇게 소일거리로 생을 마감한다고 생각하니 인생 자체가 소일거리 같다고 말했다. 다시 일해야겠다고, 무슨 일이든 자신의 쓰임이 필요한 일이라면 어떤 것이든 찾아보겠다고 했다. 자신이 아직 사회에 존재하는 이유를 선배는 출근에서 찾고 싶어 했다. 그에게는 아침에 일어나 가야 할 곳이 필요했다.

선배의 모습은 은퇴를 앞두고 삶의 의미를 잃어버린 중년 세대의 대표적인 단면일지도 모른다. 이것이 비단 은퇴자에게만 해당하는 문제일까? 은퇴 후 의미 있는 일거리를 찾지 못한 일부 게으른 어르신의 모습으로 치부해버릴 수 있을까? 나는 그렇지 않다고 생각한다.

지금의 중년은 앞만 보고 달려온 세대다. 격동의 시대에 숨 가쁘게 달려오다 보니 내가 누구인지, 나는 어디쯤 와 있는지, 어디로 가야 하는지 자신을 추스를 시간과 여유가 부족했던 세대다. 은퇴 후 자신의 정체성을 찾지 못해 우울해하는 모습은 이제 곧 은퇴하는 중년 세대가 맞이하게 될 내일의 얼굴일 수 있다. 그러나 그들은 은퇴와 함께 대단원의 막을 내릴 것이 아니라 이제 인생 2막을 올려야 한다. 늘어난 수명 탓이다. 이는 자원봉사나 취미 활동으로 남은 인생을 때우듯 살아갈 일이 아니라는 말이다. 남은 여백을 채우며 오롯이 살아내야 하는 또 다른 소중한 인생이다.

100세 시대가 코앞이다. 1970년대 우리나라의 평균수명은 66세였다. 2015년 남녀 평균수명은 82세로 45년 만에 무려 16세나 늘었다. 2050년에는 65세 이상 인구가 전체 인구의 38.2%까지 차지할 전망이라고 한다. 거리를 다니는 세 명 중 한 명은 노인이다. 아무런 준비가 없다면 은퇴 후 맞이할 긴 시간은 더는 수명 연장이 가져다주는 선물이 아니다. 그것은 오히려 재앙이다. 우리나라의 중년이 은퇴 후 가장 많이 하는 일이 텔레비전 시청이라는 조사가 있다. 할일이 없어진 나에게 하루 내내 텔레비전이나 보며 여생을 마무리하라고 한다면 나는 견뎌낼 자신이 없다.

생각해보았다. '과연 내가 백 살까지 산다면 무엇을 하며 어떻게 살아갈까?' '일흔 살이 넘어 일한다면 무슨 일을 할까?' '좋아하는 일을 하며 만족스러운 노후를 보낼 수 있을까?' '과연 그날을 위해 무엇을 준비해야 하나?' 질문 속으로 깊이 빠져들어 갈수록 머리는 아파지고 마음은 심란해진다. 누구든 무기력한 노인의 상태로 백 살까지 살고 싶지는 않을 것이다. 단지 노인의 삶으로 몇 년 더 산들 그것이 무슨 의미가 있겠는가. 과연 100세 시대라는 것이 의학 기술의 축복인가, 노화의 역습인가.

지금의 중년은 100세 시대를 위해 어떤 준비를 하고 있는가? 퇴직은 언제든 온다. 단지 시기가 문제일 뿐. 우리는 모두 종착역이 정해진 직장이라는 기차에 타고 있다. 어떤 이는 먼저 내리고 어떤 이는 기차에 남아 나머지 여행을 이어간다. 하지만 변하지 않는 사실은 종착역이 오면 누구든 기차에서 내려야 한다는 것이다. 그러므로 일을 통해 정체성을 찾아야 하는 문제는 100세 시대를 살아가는 모든 중년에게 주어진 인생 숙제와 같은 것이다. 그것이 재취업이든 창업이든 말이다.

고령화는 이 사회에 많은 문제를 던진다. 노인 빈곤이 초래하는 사회적 문제를 제쳐 두고라도, 수명 연장이 개인의 영역으로 넘어오면 남은 인생을 무엇을 하며 어떻게 살 것이냐는 현실적 고민에

봉착하게 된다. 이것은 창업 여부를 떠나 삶에서 반드시 확립해야 할 정체성의 문제다. 내가 하는 일이 나의 존재 가치를 말해준다면, 퇴직 후 다시 시작하는 일은 나머지 인생을 결정짓는 행복의 잣대가 될 수 있다. 창업이 단순한 돈벌이 수단이 아닌 삶의 의미를 부여해준다.

따라서 일에 대한 자기 성찰의 문제는 퇴직이나 은퇴 후에 시작하면 늦다. 아직 기회가 있는 중년부터 시작해볼 일이다. 그러므로 일을 통해 자신의 존재 가치를 찾고 싶다면, 치열하게 자문해야 한다. '나는 무엇을 할 때 가장 행복한가?' '나는 무엇을 가장 잘할 수 있을까?' 결국 청소년 시절 고민했던 인생의 존재 이유를 묻는 근본적인 질문으로 다시 돌아가게 된다. 100세 시대는 지금껏 힘들게 살았던 중년 세대에게 앞으로 남은 인생을 얼마나 그리고 어떻게 충실히 살 것인지 그 답을 찾아야 하는 새로운 숙제를 안겨준 셈이다.

그런 의미에서 2008년 8월 14일자 「동아일보」 '오늘과 내일' 오명철 전문기자가 쓴 칼럼에 실려 화제가 되었던 호서대학교의 설립자이자 명예총장 고(故) 강석규 박사의 글은 아직 현역으로 근무하는 이 시대 중년 직장인에게 경각심을 불러일으키기에 충분하다.

어느 95세 어른의 수기

나는 젊었을 때,
정말 열심히 일했습니다.

그 결과 나는 실력을 인정받았고
존경을 받았습니다.

그 덕에 65세 때 당당한 은퇴를 할 수 있었죠.
그런 내가 30년 후인 아흔다섯 살 생일 때
얼마나 후회의 눈물을 흘렸는지 모릅니다.

내 65년의 생애는 자랑스럽고 떳떳했지만
이후 30년의 삶은 부끄럽고 후회되고
비통한 삶이었습니다.

나는 퇴직 후
"이제 다 살았다. 남은 인생은 그냥 덤이다"
라는 생각으로 그저 고통 없이
죽기만을 기다렸습니다.

덧없고 희망이 없는 삶

그런 삶을 무려 30년이나 살았습니다.

30년의 시간은

지금 내 나이 95세로 보면

3분의 1에 해당하는 기나긴 시간입니다.

만일 내가 퇴직할 때

앞으로 30년을 더 살 수 있다고 생각했다면

난 정말 그렇게 살지는 않았을 것입니다.

그때 나 스스로가 늙었다고

뭔가를 시작하기엔 늦었다고

생각했던 것이 큰 잘못이었습니다.

나는 지금 아흔다섯 살이지만 정신이 또렷합니다.

앞으로 10년, 20년을 더 살지 모릅니다.

이제 나는 하고 싶었던 어학 공부를

시작하려 합니다.

그 이유는 단 한 가지

10년 후 맞이하게 될 105번째 생일날

아흔다섯 살 때 왜 아무것도 시작하지 않았는지

후회하지 않기 위해서입니다.

비워야 채워진다

나는 그가 싫었다. 직장 상사인 그의 왕년 이야기는 어제나 술자리의 단골 안주였다. 술자리에서 매번 반복되는 그의 잘나가던 시절 이야기는 복학생 선배의 군대 무용담만큼이나 지루하고 재미없었다. 귀로만 흘려듣는 얘기였다. 50대 후반인 그는 자기를 스스로 중늙은이라고 표현하며 꼰대임을 자처했다. 별것도 아닌 그전 회사에 다닐 때 맡았던 업무 이야기, 승진하면서 겪었던 인사 이야기, 과장 때 이루었던 업무 실적 이야기 들이 그의 입을 거쳐서 하나의 무협 소설로 재구성되어 나왔다.

그는 자신의 현재 가치를 과거에서 찾고 싶어 했다. 빛이 강할수록 그림자는 짙어지는 것처럼 그가 잘나가던 왕년의 화려한 빛은 현실의 어두운 그림자가 되었다. 그에게 과거는 인생의 모든 것처럼 보였고, 종종 미래가 없는 사람처럼 한숨 섞인 어조로 말했다. 그렇지만 그에게 욕망이 없는 것은 아니었다. 그의 욕망은 과거 속에 살아 있었다. 그는 회사에서 나갈 때까지 왕년을 잊지 못했다.

북극지방 원주민에게는 독특한 늑대 사냥법이 있다고 한다. 그들은 늑대를 사냥할 때 날이 선 칼에 동물의 피를 잔뜩 묻혀서 칼날이 위로 올라오도록 얼음 바닥에 단단히 박아놓는다. 피 냄새를 맡고 나타난 늑대는 칼에 묻은 피를 핥기 시작한다. 늑대는 처음에는 칼날에 묻은 피를 핥지만, 차츰 칼날을 핥게 되고, 그 칼날에 자신의 혀를 베이게 된다. 그러나 달콤한 피 맛에 취한 늑대는 그 피가 자기 피인 줄도 모르고 계속 칼날을 핥는다. 결국 늑대는 자신의 피를 탐닉하다 과다 출혈로 쓰러져 죽게 된다. 다음날 원주민은 죽은 늑대를 가져가기만 하면 된다.

자신의 피를 탐닉하다가 죽음에 이르는 것이 비단 늑대뿐이라고 단정 지을 수 있을까? 나는 직장에서 받는 월급이 얼음 바닥에 꽂힌 날 선 칼일지도 모른다고 생각해본다. 월급은 달콤하다. 한 달 한 달 생활하는 직장인에게 월급은 가족의 생계이자 미래의 담보다. 그러나 월급은 언젠가는 멈춘다. 그것은 피할 수 없는 변화다. 변화가 어쩔 수 없이 받아들여야 하는 필연적 현실이라면 겸허히 받아들이자. 중년은 몸도 마음도 사회적 위치도 변하는 시기다. 중년의 변화는 바로 우리 옆에 와 있다.

그러나 중년은 변화에 익숙하지 않은 나이다. 변화는 중년에게 두려움으로 인식되기도 한다. 입고 다니던 자기 스타일의 옷만 고집하고, 항상 먹던 음식만 찾게 되며, 새로운 사람을 만나는 것에 거부감을 느낀다. 아이들은 한 시간만 같이 있어도 금세 친구가 되지만, 나이가 들수록 사람을 사귀기가 힘들어진다. 정신과 전문의이자 하버드 대학의 조지 베일런트(George Vaillant) 교수가 48세 이후로는 친구를 사귀기 어렵다고 한 것을 보면, 중년이라는 나이가 무엇이든 변화에 익숙하지 않다는 것은 사실이다.

창업이라는 화두를 놓고 본다면 이 문제는 자못 심각하다. 창업이라는 선택을 하지 않는다면 사실 크게 문제가 될 것은 없다. 하던대로 하면서 살면 된다. 그러나 창업을 선택하는 순간, 모든 것은 변하는데 창업자는 무조건 이에 적응해야 하는 숙명을 안게 된다. 그 선택이 나와 내 가족의 운명을 결정짓는다. 그런 이유로 창업자는 변화의 트렌드에 민감해야 한다. 트렌드가 사업의 방향을 결정하기 때문이다. 그런데 중년은 변화를 싫어한다. 이 부분에서 중년 창업의 딜레마가 시작된다. 익숙함을 따르자니 세상의 트렌드와 멀어지는 것 같고, 트렌드를 좇자니 변해야 하는 불편함을 감당하기가 버겁다. 어떻게 해야 할까?

나는 왕년을 잊으라고 말하고 싶다. 잘나가던 시절의 자신을 내려놓고 현실을 받아들이자. 특히 퇴직 후 창업을 준비하는 중년이라면 더욱 그래야 한다. 새로운 환경에 적응해야 하기 때문이다. 중국의 사상가 장자는 「재물론(齋物論)」 편에서 오상아(吾喪我)라는 말을 했다. '내가 나를 장사지내다' 즉, 나를 버린다는 의미로, 이 말은 지금껏 내가 품고 있던 낡은 생각을 버리고 새로운 세계관을 구축하라는 메시지다. 창업을 대하는 경영자의 마음도 이와 다르지 않다. 왕년에 잘나가던 시절의 추억을 잊지 못하고 그때의 생각대로 창업한다면, 아마도 그는 힘든 시간을 보내게 될 것이다. 과거의 성공 방식은 언제나 현실의 발목을 잡기 마련이다. 비워야 채워진다는 말이 있다. 창업을 준비하면서 필요한 첫 번째 마음가짐은 왕년의 자존심을 버리는 것이다.

누구나 자신만의 꽃이 있다. 그러나 떨어지는 꽃이 아쉬워 붙잡고만 있다면, 꽃은 열매도 맺지 못하고 시들고 만다. 열매는 그 안에 씨를 품고 있다. 열매가 땅에 떨어져 썩어서 씨가 발아한다면 큰 나무가 되고, 또다시 수많은 열매를 맺을 것이다. 그러므로 성공 창업이라는 더 큰 열매를 얻으려면 중년까지 나를 지탱해주었던 명성과 직위와 자존심을 버리고 나 본연의 모습으로 서는 것이 먼저다.

●● 인생 2막 창업은
평생직업을 갖는 일

"행복할 자신 있어요?"

2015년 KBS2 신년특집 프로그램에서 강사로 출연한 문화심리학자 김정운 교수가 청중에게 던진 질문이다. 100세 시대에 퇴직 후 나머지 인생을 행복하게 살 정도로 인생 설계를 잘하고 있느냐는 것이다. 이 프로그램에서 김정운 교수는 자신이 왜 교수직을 그만두었는지, 그리고 왜 일본에 가서 그림 공부를 하고 있는지 그 사연을 털어놓았다. 이유는 단순했다. 학생을 가르치는 일이 싫어서, 그리고 남은 인생 가장 행복하게 할 일이 그림이라고 생각했기 때문이라고 말했다.

일본에서 안식년을 보내던 그는 팩스로 사표를 보내고 다음 날부터 6개월을 후회했다고 한다. 호기롭게 제 인생을 살겠노라고 사표를 내질렀지만, 다음 달부터 월급이 나오지 않으니 궁핍이 찾아오더라는 거였다.

"사실은 일본에서 '만화'를 공부하기로 했다. 노인을 위한 만화, 더 정확히 말하자면 '노인용 변태 만화'를 그리려 했다. 고령화사회가 되면서 노인은 계속 늘어난다. 그러나 노인을 위한 문화 콘텐츠는 몹시 부족하다. 특히 우리 세대가 늙으면 문제가 아주 심각해진다. 소비할 능력은 있으나 도무지 맘에 드는 소일거리가 없기 때문이다."

사람들은 그에게 말한다. 교수 정도 되고 베스트셀러 작가인 데다 돈도 많이 벌어놨으니 미련 없이 교수직을 그만두고 일본 가서 하고 싶은 일 하며 살 수 있는 것 아니냐고. 그의 답은 이렇다.

"나도 내 100년의 인생을 계획해보니, 이렇게 살아서는 안 되겠다고 생각해서 내린 결정이다."

그가 그럴 만한 여건이 되니 그림을 선택할 수 있는 것 아니냐는 현실적인 질문도 틀리지 않았다. 그가 가진 것이 많은 사람임은 틀림없다. 만약 가족의 생계 문제로 밥벌이의 굴레를 벗어나지 못하는 중년의 직장인이었다면 그런 결정을 내릴 수는 없었을지도 모른다.

하지만 나는 그도 선택의 순간에 두려움을 느꼈으리라고 생각한다. 선택이 몰고 올 변화에 대한 두려움, 자칫 가지고 있는 많은 것을 잃을 수도 있다는 위기감, 낯선 곳에서 혼자 감내해야 하는 외로움, 세상의 비아냥거림과 소속집단에서 이탈할지도 모른다는 소외감. 그는 이런 감정을 극복하고 미래의 '행복'을 위해 편안하고 안락한 자리를 포기했다. 쉽지 않은 일이라고 생각한다. 왜 그랬을까? 그의 대답처럼 나는 그가 남은 인생의 행복을 위해 평생직업을 선택했으리라고 생각한다.

자의건 타의건 회사를 그만두는 중년은 선택과 변화라는 카드를 쥐고 있다. 위치가 높고 화려할수록 아래로 내려가는 길을 선택하기는 쉽지 않다. 산악 사고의 대부분은 하산할 때 발생한다고 한다. 올라갈 때 적절하게 체력을 안배하지 못해 내려올 때 힘이 빠진 탓이다. 정상에서 내려갈 때를 대비해 힘을 비축해두어야 하는 이유다. 인생도 마찬가지다. 내려올 때를 대비해 마음의 근육을 풀어주는 일이 필요하다. 정상에서 내려와 낮은 삶을 사는 일이 쉽지는 않겠으나 인생의 의미를 찾을 수 있는 일이라면 얼마든지 그런 선택도 할 수 있다.

요즘에는 언론에서도 인생 2막의 삶에 관심이 많다. 2015년 KBS에서 방영된 〈명견만리〉라는 다큐멘터리에서는 베이비붐 세대의 은퇴와 미래 방향을 집중적으로 조명했다. 이 방송에 은퇴 후 새로운 일을 찾아 생활하는 두 사례가 나온다.

첫 번째 사례는 이만호 씨다. 이 씨는 은행 지점장 출신이다. 여의도에 있는 한 은행의 지점장으로 일하다가 은퇴한 이만호 씨는 놀랍게도 자신이 근무하던 은행 건물의 지하 4층에서 건물 난방기를 점검하고 관리하는 보일러공으로 일한다. 작업복 차림의 이만호 씨는 옛 직장 부하 직원과 우연히 복도에서 마주쳐도 스스럼없이 인사하고 담소를 나눈다. 사실 체면을 중시하는 우리 사회에서 그런 선택을 하기란 쉽지 않다. 게다가 자신이 근무하던 바로 그 건물에서 보일러공으로 일한다니. 그는 과거 금융권 지점장 출신이라는 화이트칼라를 내려놓고 현재 보일러공이라는 블루칼라를 선택했다. 이것은 일에 대한 자신의 가치관을 바꿔야 할 수 있는 일이다.

두 번째도 비슷한 경우다. 대기업에 입사해 계열사 대표까지 역임하고 은퇴하여, 이후 택시 운전사라는 직업을 택한 사람의 사례가 나온다. 주위에서는 그가 3개월도 못 가 포기하리라고 예상했지만, 그는 택시 운전기사로 인생 2막을 열어젖혔고, 지금까지 꾸준히 운전대를 잡고 있다. 그는 과거의 명성보다 현재의 가치를 선택했으며 자기 일에 만족한다고 했다. 옛날에 누렸던 직위, 수입 같은 것들을 내려놓고 좋아하는 일을 찾아 긍정적인 마음가짐으로 은퇴 후의 삶을 준비해야 한다는 그의 말은 그래서 설득력이 있다.

그런가 하면 내가 만난 〈남대문 장칼국수&뽈찜〉의 박영산 씨도 비슷한 사례다. 박영산 씨는 상업고등학교를 졸업한 후 은행에 입사해 21년간 은행에서 근무했다. 본사 영업부에 근무할 정도로 열심히 일했고, 그만큼 회사에서 인정도 받았다. 그러던 어느 날 여기가 한계라는 위기감을 느꼈다. 그때부터 창업을 준비했다.

"은행에 21년 동안 근무하니까 이제 끝이 보이더라고요. 저도 나이를 먹고 언젠가는 이곳을 떠나야 한다는 생각에 앞으로 무엇을 할까 고민했죠. 그러다가 저의 소질과 여건, 환경을 고려한 결과 지금의 장칼국수라는 아이템으로 승부를 걸어보자고 생각했어요."

그는 은행을 퇴직하고 창업해 실패한 앞선 선배들의 사례를 수없이 접했던 터라 철저하게 준비하고 꼼꼼하게 점검했다. 이미 음식점을 운영하는 친누나의 도움을 받아 서울 남대문로에 〈남대문 장칼국수&뽈찜〉이라는 음식점을 창업하게 되었다. 그는 혼자서 운영할 수 있는 작은 가게의 창업을 시도했다. 인력 관리의 어려움을 잘 알았던 터라 사람을 쓰지 않고 혼자서 혹은 부부가 운영할 수 있는 음식점 사업 시스템을 염두에 둔 것이다. 실제로 박 씨가 창업한 서울 마포구 〈남대문 장칼국수&뽈찜〉 2호점은 열쇠 가게를 하던 작은 공간을 인수해서 개점했다. 그는 크기는 작지만 내실 있게 운영할 수 있어 훨씬 실속 있다고 말한다. 2호점에 이어 서울 을지

(위) 〈남대문 장칼국수&뽈찜〉의 본점인 남대문점과(우) 2호점인 공덕점(좌)
두 지점 다 혼자서 가게를 볼 정도로 규모가 작지만, 그만큼 실속있게 운영할 수 있다.

(아래) 열쇠 가게를 인수해 개점한 2호점의 내부

로에 3호점을 추가로 열어서 잘 운영하고 있으니, 순조롭게 순항하는 셈이다. 앞으로 그의 목표는 소자본으로 작게 사업을 시작하는 중년 초보 창업자를 위해 가맹 사업을 시작하는 것이다.

그림 그리는 일이든, 건물 관리하는 일이든, 택시 운전하는 일이든, 음식점을 경영하는 일이든 이들이 자신의 평생직업을 갖기까지 몇 가지 공통점이 있다. 결국 언젠가는 회사를 나와야 한다는 사실의 인식, 일이 주는 의미를 찾으려는 자신만의 가치 추구, 인생 2막의 평생직업을 구하려고 충분히 고민하고 준비하고 공부한 시간, 그리고 결단의 날이 왔을 때 과감하게 실천에 옮긴 결단력 등이다. 퇴직 이후 인생 2막을 시작하는 중년창업자가 모두 배워야 할 바로 그 모습 그대로다.

전반기를 끝내고 인생 2막의 평생직업을 가졌으니, 이들은 모두 넓은 의미로 인생 창업을 한 것이다. 그들은 모두 자신이 담겨야 할 그릇을 찾아갔다. 인생을 어느 정도 살았으니 자기 그릇의 모양을 알아보는 혜안도 생겼으리라. 자신을 발견하는 일, 이것은 돈벌이 여부를 떠나 인생 2막 평생직업을 찾는 이들이 먼저 고민해야 할 일이다. 지나온 과거를 뒤로하고 '나의 평생직업은 무엇일까?'라는 진솔한 질문을 자신에게 던져보자.

남은 인생의 반을 어떻게 보낼 것인가

오래전 퇴직하고 집에서 쉬는 선배를 만났다. 집에서 아무것도 하지 않고 쉬고 있다고 하기에 그 모습이 안타까워 평소에 좋아하던 사진을 제대로 배워 본격적으로 사진작가로 데뷔해보는 것은 어떠냐고 제안했다. 그의 대답은 "이 나이에 뭘!"이었다. 지금으로부터 한 10년 전쯤 그 선배가 50대 중반이었을 때, 퇴직을 준비해야 한다고 하기에 경영지도사라는 국가고시 자격증을 취득해 기업 컨설팅 일을 시작해보면 어떠냐고 묻자 그 선배는 그때도 그랬다. "이 나이에 뭘!"

세상에는 "반이나 남았네"라고 말하는 긍정주의자(optimist)와 "반밖에 안 남았네"라고 말하는 부정주의자(pessimist)가 존재한다. 중년의 나이를 보는 시각도 마찬가지다. 중년 이후의 나머지 인생을 기회로 보는 이도 있을 것이고, 이미 지나온 세월을 아쉬워하며 반밖에 안 남았다고 탄식하는 이도 있을 것이다.

나도 젊은 시절에는 나이를 보는 관점이 부정주의자에 가까웠다. 나이 들면 하지 못하는 일이 많다고 믿었다. 모든 일은 젊을 때 노력해서 일궈놓고 노후(50세 이후는 무조건 노후라고 여겼다)에는 그것을 즐기며 여유 있는 생활을 하리라고 예상했다. 나이 든 사람을 상대할 때도 부정적이었다. 나보다 나이가 몇 살만 많아도 소통이 안 된다고 생각했다. 심지어 나이 든 사람을 나와는 다른 세계에 사는 사람처럼 대했다. 그러나 내가 그 다른 세계에 사는 사람의 나이가 되어 보니, 그것이 얼마나 편협하고 어리석은 생각인 줄 알게 되었다.

이제 이른바 100세 시대라고 한다. 지금의 중년은 100세 시대를 아직 인생의 반이나 남은 기회로 봐야 한다. 100세 시대는 분명히 늘어난 수명만큼 기회도 제공하기 때문이다. 중년의 가치를 새로운 기회로 보는 이가 많다.

마크 프리드먼(Marc Freedman)은 책 『앙코르(Encore: Finding Work That Matters in the Second Half of Life)』에서 '앙코르 커리어'라는 개념을 소개했다. 앙코르(encore)는 재청이라는 뜻이고, 커리어(career)는 경력·직업·활동을 뜻하니, 중년의 나이에 새로운 일을 통해 다시 한 번 제2의 전성기를 맞이할 수 있다는 개념이다. 은퇴 후에도 여전히 삶의 의미와 가치를 추구하며 사회에 이바지하고 싶어 하는 건강한 중년의 증가로 개인이 성장할 기회가 늘고 있다는 점에서 주목할 만하다.

그런가 하면 사회학 교수이자 중년문제 전문가인 윌리엄 새들러(William Sadler)는 중년을 일컬어 서드에이지(Third Age)라고 말했다. 이는 수명 연장으로 성장·성숙·쇠퇴 3단계로 구분하던 기존의 인생 주기를 이제는 4단계로 구분해야 한다는 것이다. 그는 책 『서드에이지, 마흔 이후 30년(The Third Age: Six Principles of Growth and Renewal After Forty)』에서 퍼스트에이지는 '배움'을 위한 청소년기까지이고, 세컨드에이지는 '일과 가정'을 위한 단계로 20~30대, 서드에이지는 '생활'을 위한 단계로 40~70대 시기인 인생의 중후반으로 가장 긴 시간을 차지하는 단계라고 설명한다. 마지막 네 번째 단계가 '노후'로 인생 후반기에 해당한다. 따라서 인생에서 가장 긴 서드에이지인 제3의 단계는 성장을 통한 일종의 자기실현을 추구해나가는 기간이다. 새들러는 이 시기가 인생에서 재도약할 수 있는 가장 중요한 시점이라고 강조했다.

인문학자 고미숙의 『나의 운명 사용 설명서』를 보면, 미국의 한 조사에서 90세 이상의 노인에게 다시 젊은 날로 돌아간다면 뭘 하겠느냐고 묻자 노인들은 이구동성으로 "모험하겠다!"라고 대답했다는 내용이 나온다. 인생은 지나고 나면 아쉬움이 많이 남는 법이다. 그러니 지나치게 나이를 의식하여 하고 싶은 일을 못 하는 아쉬움은 남기지는 말자. 미래학자들은 인간이 120세까지 일하는 날이 도래하여 일생에 여덟 번은 직업을 바꾸게 되리라고 예견한다. 실제로 중년 이후에 성과를 이룬 사람은 많다.

우리에게 잘 알려진 소설 『돈키호테』를 쓴 미구엘 데 세르반테스는 58세에 그의 인생 최고의 걸작인 이 작품을 썼다. 더군다나 이 소설은 그가 감옥에 있을 때 구상한 것이다. 중년에도 얼마든지 새로운 재능을 발휘할 수 있다는 증거다.

세계적인 외식 프랜차이즈 기업 맥도날드를 창업한 레이 크록(Ray Kroc)은 53세에 첫 매장을 인수했다고 한다. 우리에게 KFC 할아버지로 친숙한 커널 할랜드 샌더스(Colonel Harland Sanders)도 인생 후반전에 기적을 이룬 사람이다. 그는 낡은 트럭에 압력밥솥을 싣고 다니며 그가 개발한 조리법과 소스를 팔고자 전국 곳곳의 음식점을 방문했지만 1008번의 거절을 당한다. 드디어 1009번째 만에 계약을 성사하고 세계적인 프랜차이즈 기업을 키워냈다. 그의 나이 65세의 일이다. 이를 보면 창업이 힘든 일이기는 하지만, 기본과 순서를 지킨다면 나이가 많다고 해서 성공 못 할 일도 아니다.

노년에 과업을 달성한 건축가도 있다. 낙수장(Fallingwater)이라는 건축물로 유명한 세계적인 건축가 프랭크 로이드 라이트(Frank Lloyd Wright)는 구겐하임미술관을 그의 나이 78세에 착공했다. 1959년 프랭크 로이드 라이트는 91세의 나이로 세상을 떠났다. 구겐하임미술관이 완공되기 6개월 전이었다.

기네스북 세계 최고령자인 잔 루이즈 칼망(Jeanne Louise Calment)은 122세까지 살았다. 그녀는 건강 상태가 비교적 좋아서 85세에 펜싱을 시작하고, 100세까지 자전거를 탔다고 한다. 114세가 되던 해에는 영화 〈명화의 외출(Vincent and Me)〉에 출연해 최고령 배우로 기록되기도 했다. 120세 되던 해 누군가 장수의 비결이 무엇이냐고 묻자 그녀는 119세에 금연한 것이라고 농담할 정도로 정신이 맑았다고 한다. 건강하고 의식만 바르다면 어떤 일이건 나이 들어 못할 일은 없다. 그 또한 100세 시대가 주는 선물이다.

멀리 외국의 유명한 사람들만 있는 것은 아니다. 『늦지 않았다』의 저자 한명석 씨는 50대라는 중년에 책 읽기와 글쓰기라는 생산적인 취미를 발견하고 인생 2막을 새롭게 시작했다. 한 씨는 나이 쉰에 처음으로 글을 쓰기 시작해서 4년 만에 첫 책을 쓴 뒤 2010년에 글쓰기 모임인 〈글쓰기를 통한 삶의 혁명〉이라는 카페를 만들었다. 한 씨는 나이를 의식하지 않고 느낌이 끌리는 대로 일을 시작하여 중년에도 얼마든지 좋아하는 일을 하며 먹고살 수 있다는 사실을 몸소 보여주고 있다. 나이 예순이 된 지금도 6년째 글쓰기 카페를 운영하며 왕성하게 활동한다. 이를 통해 그녀는 책과 글로 삶의 혁명을 이루고자 하는 이들의 글쓰기 멘토로 활동 중이다. 이렇게 중년에 무언가를 시작해 이루고 만들어가는, 평범한 삶의 혁명가는 우리 주변에서도 찾을 수 있다.

창업이라고 해서 반드시 음식점, 치킨집, 편의점만 있는 것은 아니다. 자신의 정체성을 유지하며 수익을 내고 지속할 수 있는 일이라면 넓은 의미에서 모두 평생창업이다. 나이는 중요하지 않다. 중년이라는 나이에 주눅 들어 의기소침해하고만 있다면 그것만큼 안타까운 일이 어디 있을까. 중년은 아직 젊다. 무언가 다시 시작하기에 늦지 않은 나이다. 오히려 어느 정도 농익고 세상의 이치를 꿰뚫어보는 안목도 있다. 그래서 쉰이라는 나이를 세상의 이치를 깨닫는 지천명(知天命)이라고 하지 않던가.

"세상에서 가장 설득하기 어려운 것이 자기 자신이지만, 일단 자신과 합의가 이루어지면 가장 강력한 힘을 발휘한다"라는 하버드대 입학 신화의 주인공이자 『나는 희망의 증거가 되고 싶다』의 저자인 서진규의 말처럼 자신의 강점을 찾아 그 일을 구한다면 중년이라는 나이는 전혀 문제가 되지 않는다. 돌이켜보면 나 또한 늦게 시작한 일이 많다. 서른둘이라는 나이에 유학을 다녀오고, 서른아홉 살에 결혼하고, 마흔네 살에 대학원을 졸업하여 마흔다섯 살에 회사에 입사했다. 사회의 통념으로 본다면 모두 늦은 나이였다. 마흔여섯 살에 글쓰기 학원에 다니며 기초부터 공부하기 시작해 마흔여덟 살에 첫 책 『작아도 크게 버는 골목 가게의 비밀』을 썼으니 그 또한 이른 셈은 아니다. 그렇다고 나는 세상에 뒤처지며 살았다고는 생각하지 않는다. 나는 단지 조금 늦게 피는 꽃일 뿐이다. 나이 들어 못 할 일은 없다. 한풀 꺾여서 접고 들어가야 하는 중년이라는 나이에 안달을 내며 미래의 희망만 고대할 수는 없겠으나, 그렇다고 남은 인생 지나온 젊음을 아쉬워하며 지낼 필요도 없지 않을까.

나이를 의식해 시작할 수 없다면 움직이지 않는 배와 같다. 스스로 항구에 정박해 꼼짝하지 않는 자세로 살지는 말자. 배는 항구에 묶어두려고 만들지 않았다. 바다로 나가 목적지에 도달하려고 만든다. 바다로 나간다면 풍랑이 일 것이다. 파도도 몰아칠 것이다. 그러나 가다 보면 때로는 순풍이 불어 뒤를 밀어주는 날도 있을 것이다. 그것이 인생이 아니던가. 두려워하지 말자. 중년에 새로운 길을 떠난다는 것은 그리 어려운 일이 아니다. 도전과 응전은 청년만의 전유물이 아니다.

Chapter 2

성공하는 아이템
실패하는 아이템

창업 아이템 선정 전,
일의 민낯 보기

　마이크는 미국의 케이블 방송인 디스커버리 채널의 진행자다. 이 프로그램에서는 세상에서 가장 더러운 직업을 체험함으로써 그 일이 지닌 어려움을 생생하게 전달하는 내용을 방송한다. 마이크는 직접 직업들을 체험하며 프로그램을 이끄는데, 그가 경험한 직업 중 가장 끔찍한 일이 바로 '양치기'였다.

　양치기는 특별히 어려울 것이 없어 보인다. 양 떼를 몰고 다니며 한가로이 풀을 뜯기는 목가적인 장면을 연상할 수 있다. 그러나 양치기에는 우리가 상상하는 일과 다른 모습이 있었다. 바로 '양

거세하기'다. 마이크는 별로 유쾌하지 않은 이 일에 도전하기로 했다. 마이크는 현장에 투입되기 전 동물애호협회에 전화를 걸어 양을 거세하는 구체적인 방법을 문의했다. 적어도 비인도적인 방법은 피해가기 위해서였다. 동물애호협회에서 추천하는 방법은 고무밴드를 이용하는 것이었다. 고무 밴드를 양의 꼬리와 음낭에 묶어두면 시간이 지나면서 자연스럽게 거세된다는 것이었다. 마이크는 이 방법을 사용하기로 마음먹었다.

드디어 체험 현장으로 투입되던 날, 마이크는 떨리는 가슴으로 양 거세 작전에 들어갔다. 먼저 양의 주인이 시범을 보이기로 했다. 그런데 이게 웬일인가! 그의 양 거세 시범을 보고 마이크는 소스라치게 놀랐다. 양의 주인은 날카로운 주머니칼을 사용해 양의 꼬리를 자르고 음낭을 제거하는 것이 아닌가. 게다가 이빨로 양의 음낭을 물어뜯어 마무리하는 믿지 못할 광경이 마이크의 눈앞에서 자행되었다. 평화로운 일인 줄만 알았던 일의 가려져 있던 민낯을 보는 순간이었다.

이런 사례도 있다. 2009년 호주 퀸즐랜드(Queensland) 관광청에서는 '세계 최고의 직업'이라는 이름을 내세워 지상낙원이라 불리는 해밀턴 아일랜드(Hamilton Island)의 섬지기를 공개로 모집했다. 조건은 파격적이었다. 아름다운 해변에 있는 저택을 제공하고, 수영장을 사용할 수 있는 것은 물론 골프도 칠 수 있는 회원권에다가 매달 우리 돈으로 1,200만 원에 달하는 월급을 준다. 항공권과 교통비, 숙박비를 포함한 생활비는 덤이다. 이런 조건을 대가로 섬지기가 해야 하는 일은 단지 즐겁게 노는 것이다. 그리고 물고기 밥을 주고, 우편물을 받아 놓고, 일과를 블로그에 올리기만 하면 된다. 남태평양의 그림 같은 자연을 사랑하는 사람이라면 누구나 경험해 보고 싶을 짜릿한 제안이었다.

이 구인 광고가 인터넷 사이트에 올라오자마자 조회 수가 초당 33회를 기록할 만큼 반응은 폭발적이었다. 최고 경쟁률은 3만 4,000대 1이었고, 이 구인 광고로 무려 1억 명의 사람이 호주 퀸즐랜드 관광청 홈페이지에 접속했다. 마침내 최종 후보 15명을 물리치고 마지막으로 선정된 행운아는 영국 국적의 34세 벤 사우스홀이라는 청년이었다.

이 운 좋은 청년은 약속대로 6개월간 근무했다. 그런데 예상치 못한 결과가 발생했다. 지상 최고의 낙원에서 6개월간 섬지기로 근무했던 벤 사우스홀은 언론과의 인터뷰에서 전혀 뜻밖의 이야기를 한다. 지상낙원에서 일하는 세계 최고의 직업도 겉으로 드러나지 않은 일의 민낯이 있었다. 그는 6개월간 섬지기로 일하며 일주일에 7일을 18~19시간씩 일했다고 한다. 퀸즐랜드 관광청에서 요구하는 행사와 기자회견에 참여하고, 공식 일정을 소화하느라 쉴 새 없이 몸을 움직이며 정신없이 일했다는 것이다. 그 와중에도 그는 근무 조건인 물고기 밥 주기와 우편물 수취, 인터넷 블로그 포스팅도 빼놓지 않았다. 게다가 더 실망스러운 것은 6개월간의 근로계약이 끝난 후, 결국 재계약되지 않았다는 사실이었다. 결국 행운의 청년은 지상낙원 섬에서 6개월간의 짧고 굵은 계약직 일을 마치고 실업자 신세로 전락하고 말았다.

어떻게 이런 일이 일어났을까? 이 모든 것이 퀸즐랜드 관광청에서 계획한 마케팅 전략이었다. 이 마케팅 전략으로 퀸즐랜드 관광청은 우리나라 돈으로 1억 5,000만 원 정도를 투자해 1,500억 원의 관광 수입을 올렸다. 인간의 욕망을 자극한 마케팅 전략의 대승리였다.(헬렌 S. 정, 『나는 왜 일하는가』, 인라인먼트, 2012. 중에서 발췌 정리)

극단적인 대조를 이루는 두 사례가 보여주는 공통점이 있다. 일은 다양한 모습의 민낯을 숨기고 있다는 사실이다. 양치기가 양의 고환 제거라는 별로 달갑지 않은 일을 포함하리라고 생각하지 못했다. 남태평양 지상낙원에서 일하는 세계 최고의 직업이 쉼 없이 일해야 하는 고단한 노동이라는 사실을 몰랐다.

나는 창업 아이템을 고르는 일도 이와 다르지 않다고 생각한다. 창업 아이템을 고르기 전에 '나는 그 일을 얼마나 알고 있는가?'라는 근본적인 질문을 던져보아야 한다. 우리가 피상적으로 아는 것의 대부분은 허상일 때가 많다.

나는 음식점을 창업하면서 그것을 경험했다. 음식만 잘하면 다 되는 줄 알았다. 그러나 음식 사업은 내가 미처 생각하지 못한 많은 다양한 모습이 있었다.

그 대표적인 것이 세금 관리였다. 부끄러운 얘기지만, 나는 부가가치세가 뭔지도 몰랐다. 음식점을 운영하면서 처음으로 부가세와 소득세를 내야 한다는 사실을 알았다. 1만 원 하는 음식값에 대략 1,000원을 세금으로 내야 한다는 사실을 창업한 다음에야 알았다. 고객이 치르는 음식값마다 공급가액의 10%에 해당하는 세금이 붙어 있다는 사실을 몰랐다.

점포 관리도 그랬다. 보증금이나 월세보다 권리금이라는 것 때문에 초기 투자비가 말도 못하게 들어간다는 사실도 점포를 구하려고 직접 돌아다니면서야 알았다. 월세를 꼬박꼬박 내기만 하면 건물주와의 관계는 아무 문제가 없으리라고 생각했다. 건물주가 매년 월세를 인상할 수 있고, 심지어 계약이 만료되면 그대로 장사를 그만두고 나가야 한다는 사실도 몰랐다.

그뿐만 아니라 식재료 관리와 고객 관리에서도 내가 모르는 모습이 숨어 있었다. 좋은 재료로 정직하게 맛있는 음식을 만들면 손님이 알아주고 언젠간 다시 찾아주지 않겠느냐는 비현실적인 생각에 고집을 부렸다. 그렇게 장사하면 식재료와 공산품 비용이 차지하는 비중이 지나치게 높아 팔아도 남는 것이 하나도 없다는 사실을 돈 계산을 해보고 나서야 알았다. 마케팅은 단지 전단을 돌리는 것이고, 고객 관리는 잘 웃고 인사 잘하는 것으로만 생각했다.

이런 구체적인 어려움을 창업 전 미리 알 수는 없을까? 창업 전 그 일의 실제 모습들을 볼 수 있다면, 창업 아이템 선정에 도움이 될 수 있을 텐데 말이다. 가만히 들여다보면 창업 실패의 원인도 아이템의 속성과 경영자의 기질이 맞지 않아서인 경우가 많다. 운명이라고 여기고 선택했던 일이 배신하는 경우다. 문제의 근원은 창업 아이템 선정에서부터 시작된다. 그러므로 무엇보다 창업 전 신중하고 철저한 검토가 필요하다.

어떻게 하면 자신에게 맞는 창업 아이템을 고를 수 있을까? 나는 창업 아이템 선정 시 알아야 할 것이 3가지가 있다고 생각한다. '아이템의 속성 이해, 경영자의 기질 확인, 창업 트렌드 파악'이 바로 그것이다. 그런 다음 창업 전 사전 경험을 통해 일과 나의 궁합을 맞춰보고, 정보와 지식으로 보완하여 성공 창업으로 완성하는 단계로 나아간다.

간단히 정리하자면, 첫째, 창업 전 하려는 일의 숨겨져 있는 민낯 그대로의 모습을 살펴보고 그 일의 구체적인 어려움을 파악하는 것이 먼저다. 둘째, 자신이 감당할 수 없는 모습이 숨어 있는 일은 후보군에서 제거하고 나에게 가장 잘 맞는 일을 선택한다. 셋째, 세상의 흐름인 트렌드를 접목해 창업 아이템으로 완성하는 단계다. 이 3가지 트라이앵글의 균형점을 찾아 창업 아이템을 구한다면, 성공의 씨앗을 품게 된다.

다음이 중요하다. 창업 전 사전 경험을 통해 그 일을 직접 해보고 실전 창업을 대비하는 것이다. 마지막으로 창업을 위한 최소한의 기본 지식을 습득함으로써 성공 창업에 이르게 된다. 이 개념을 그림으로 표현하면 다음과 같다. 다음 그림은 이 책의 내용을 관통하는 중요한 콘셉트다.

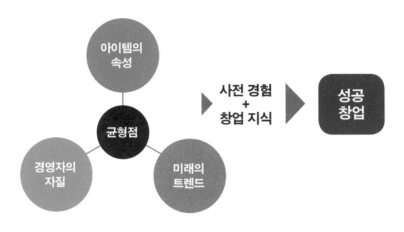

· 아이템 선정 방법 ·

어떻게 하면, 자신에게 맞는 창업 아이템을 찾을 수 있을까.
아이템 선정시 고려해야 할 것 3가지와 경험, 정보, 지식이 갖추어져야
성공창업으로 이어질 수 있다.

뜨거운 가슴보다는
냉정한 머리로

창업할 때 어떤 아이템을 골라야 할까? 흔히들 좋아하는 일을
창업 아이템으로 고르라고 충고한다. 때로는 과거의 몸담았던 직장
과 연관된 일을 고르라고 하기도 한다. 이 말은 반은 맞고 반은 틀
린 얘기다. 좋아해서 열정을 기울이며 몰입할 수 있는 일을 해야 지

치지 않고 오래 일할 수 있다는 측면에서는 맞다. 반면 아이템에서 드러나지 않은 일의 민낯을 생각해보면 좋아하는 것만으로는 창업 현실을 극복할 수 없으므로 틀렸다. 일의 의미는 내가 부여하는 것이긴 하지만, 창업하는 순간 그 일과 동반하는 고단한 일상이 시작되기 때문이다. 다만 좋아해서 그 일을 선택하는 것은 단지 아이가 귀여우니까 아이를 많이 낳겠다는 말과 다르지 않다.

예를 들어 음식을 좋아한다고 해서 음식점을, 깨끗하고 우아해 보일 것 같다고 커피 전문점을, 옷을 좋아한다고 해서 옷 가게를, 물건을 진열해 놓고 판매하는 일이 쉬워 보인다고 편의점을 선택해서는 안 된다는 것이다.

음식점을 운영하면 맛을 가지고 따지고 드는 손님도 상대해야 한다. 술 취한 손님의 끝도 없이 이어지는 이야기판에 새벽까지 문도 못 닫고 기다려야 하는 피곤한 상황도 벌어진다. 치솟는 월세, 인건비, 재료비에 골머리가 썩기도 해야 한다.

커피 전문점이 깨끗해 보인다는 이유로 선택한다면 기대와는 다른 고단함을 맛볼 것이다. 깨끗하게 정리된 분위기 좋은 카페에 앉아 점심 한때 여유로운 커피타임은 가져봤지만, 그 매장을 깨끗하게 정리하고 고객에게 접대해야 하는 사장의 분주한 손길은 생각해보지 못했을 것이다.

옷 가게는 또 어떤가. 옷을 구매하고 며칠씩 입고 나서 마음에 안 든다며 환불을 요구하는 몰상식한 고객을 상대해야 하는 경우도 있다. 온라인 판매나 SNS 등 중년에게는 친숙하지 않은 기술을 익혀야 하기도 한다.

알아서 관리해주고 깨끗할 것 같아 기업형 프랜차이즈에 가맹하여 편의점을 창업했지만, 본사와의 치열한 계약 싸움으로 골치 아픈 현실은 미처 생각해보지 못했다. 또 편의점이라고 해서 단지 물건을 진열해놓고 팔기만 하면 될 것 같지만, 그곳에서도 고객에게 상처받는 일은 흔하다. 만약 당신이 무례한 청소년을 도저히 참을 수 없을 정도로 교훈적이거나 보수적인 중년이라면, 편의점은 선택하지 않는 것이 좋다. 열두 시간 가까이 일해야 하는 피곤함은 둘째 치더라도 돈이나 카드를 집어 던지듯 내려놓고 반말 비슷한 어투로 계산해달라고 하는 무례한 청춘을 상대해야 하기 때문이다. 광진구에서 슈퍼마켓을 운영하는 이성준(가명) 씨는 가끔 손님이 가슴을 긁어놓고 간다며, 한번은 청소년과 대판 싸운 적도 있다고 어려움을 하소연하기도 했다. 게다가 물건 정리며 청소, 재고 관리는 사실 육체적으로 힘든 일이다.

예상하지 못했던 피곤함이 창업자의 일상을 채운다면 결코 만족스러운 창업일 리 없다. 팔이 잘려나가는 고통에 죽겠는 것이 아니라 손끝에 박힌 작은 가시 하나가 사람을 미치게 한다. 좋아한다고 혹은 그 일을 잘 안다고 생각하고 선택했지만, 결국 그 일의 구체적 어려움, 고단한 일상을 접하고 나서는 손을 놓고 마는 경우가 허다하다. 고미숙의 말처럼 "연예인의 삶이 여기에 아주 가깝다.

연예인도 처음엔 춤과 노래, 연기를 그 자체로 즐기고 좋아했을 것이다. 하지만 연예계에 발을 들여놓는 순간 이 '자발적 불꽃'은 꺼져버린다. 그리고 그 순간 이제 노래와 춤, 연기는 다 '노동'으로 전화된다."(고미숙, 『나의 운명 사용 설명서』, 북드라망, 2012) 창업도 이와 비슷하다.

창업 인생 1년쯤 지나고 나서 창업자가 가장 많이 하는 불평은 "이럴 줄 몰랐어요!"라는 것이다. 이혼 사유의 압도적 1위가 '성격 차이'인 것처럼, 막상 그 일을 하다 보니 예상했던 것과는 다른 모습에 지치고 기운이 빠져 실망하게 되는 것이다. 좋아하는 일을 선택하라는 충고는 그래서 위험하다. 창업 아이템 선정은 적어도 그 일을 직접 해보기 전에는 알기 어려운 다양한 모습의 이중성을 충분히 몸으로 습득하고 난 후, 그 일을 통해 예상되는 어려움을 충분히 감내할 수 있다고 판단할 때 해도 늦지 않다. 그래야 일이 주는 삶의 의미와 생계의 균형이 적절히 유지된다. 직접 체험해보고도 그 일을 선택했다면, 그것은 그 일이 사무치게 좋아서가 아니라 그 일에서 느끼는 즐거움이 감당해야 할 고단한 일상보다 조금 더 많기 때문이다.

일에 대한 사전 조사 없이 창업했다 실패한 민창기(가명) 씨의 사례는 그런 의미에서 많은 시사점을 제공한다.

"공직자는 무조건 목이 좋은 데서 장사해야 합니다."

퇴직 후 6개월간 운영하던 음식점을 폐업하고 나서 민 씨가 한 말이다. 민 씨는 공무원 출신으로, 서울시 산하 공기업에서 근무하다 퇴직했다. 그 후 지인의 적극적인 권유로 서울 강동구에서 음식점을 창업했다. 문제는 그다음이었다. 민 씨는 창업 후 1년도 못 가서 폐업하고 만다. 민 씨가 창업에 투자한 돈은 보증금 3,000만 원, 권리금 2,000만 원에 이것저것 시설비며 초도 물품까지 포함해서 대략 1억 원 남짓이었다. 민 씨는 계산대에 앉아 슬슬 돈만 받으면 될 줄 알았는데, 막상 창업하고 나니 힘든 게 한둘이 아니었다고 말했다.

"직원을 뽑는 일부터 사람 관리, 업무 지시, 청소, 음식 준비, 손님 접대까지 밖에서 볼 때는 전혀 예상하지 못했던 일들이 빵빵 터져 그때마다 무척 애먹었어요. 이렇게 힘든 줄 알았다면 처음부터 안 했을 겁니다."

아홉 시에 출근해 여섯 시에 퇴근하고, 정해진 점심시간에 점심 먹고, 주어진 업무를 처리하며, 시계추처럼 20년 이상 직장 생활을 했던 민창기 씨에게는 애당초 장사꾼의 기질이 없었는지도 모른다. 그의 넋두리는 안쓰럽기까지 했다.

"처지가 바뀌고 보니 다른 사람을 대접하는 음식점이 얼마나 힘든 줄 알겠더라고요. 내가 밖에서 대접받고 다닐 때는 몰랐어요, 이렇게 힘든 줄. 가게 안에 앉아서 지나가는 손님을 볼 때는 슬픔이 가슴을 찌르더라고요."

민 씨는 음식은 '아트'라고 말한다. 다양한 요소가 결합해야 제대로 굴러가는 종합 사업이라는 것이다. 직접 경험해보기 전에는 자신도 전혀 몰랐다며 창업 사전 경험의 중요성을 강조한다.

"최소 6개월 정도는 현장 경험을 해보고 해야 합니다. 나라에서 강제로라도 시켜서 망할 사람은 애초부터 창업하지 못하게 해야 해요. 특히 공무원은 퇴직하고 바로 창업하지 말고 무조건 쉬게 해야 해요."

자유민주주의 국가에서 본인이 하고 싶다는데 못하게 할 수는 없는 노릇이지만, 최소 6개월간 그 업종을 경험해보고 창업하라는 말에는 나도 전적으로 동의한다. 돌다리도 두드려 보고 건너랬다고 아무리 잘 아는 업종이라 하더라도 조심 또 조심해야 하는 게 중년 창업이다.

공직자는 목이 좋은 데서 시작해야 한다는 민 씨의 말처럼 어쩌면 그는 대로변 코너 자리에서 창업하지 않아서 실패했는지도 모른다. 그렇다면 만약 민 씨가 권리금 많이 주고 A급 목 좋은 코너 자리에서 창업했으면 성공할 수 있었을까? 나는 그렇지 않다고 생각한다. 그의 진짜 실패 요인은 자리가 아니다. 본인이 잘 안다고 생각했던, 아니 착각했던 음식점을 창업 아이템으로 선택한 실수, 주변 사람들의 의견을 지나치게 맹신했던 안일함, 그 일의 다양한 민낯을 속속들이 경험하지 않고 섣불리 내지른 성급함, 그리고 무엇보다 자신이 하면 대박 날 것이라 믿었던 지나치게 오만한 주관적 판단 오류가 실패의 원인이다.

진화론의 창시자 다윈은 성공의 법칙을 3가지로 꼽았다. 지능, 노력, 열정이다. 그러나 이 말은 성공의 개념을 일반화했을 때 얘기다. 창업의 세계에서는 뜨거운 가슴보다 냉정한 머리가 더 중요하다. 냉철하고 객관적인 시각으로 그 일의 다양한 모습을 관찰한 후, 그런데도 그 일이 나에게 맞는다고 판단한다면 그제야 창업 아이템으로 조심스럽게 접근해볼 일이다.

창업의 세계에서는 살아남는 자가 강한 자다

이렇게 쉽게 폐업하는 것이 자영업의 현실인가 싶어 마음이 씁쓸했다. 항상 느끼는 사실이지만, 우리나라에서 자영업자로 살아가기란 녹록지 않다는 생각에 허탈했다. 나에게 허탈한 기분을 안겨준 사람은 김동호(가명) 씨였다.

나는 책의 집필을 위해 자료를 조사하던 중 김동호 씨의 창업 사례를 접했다. 김동호 씨는 종로구에서 해산물 요리 전문점을 창업해 성공적인 인생 2막을 시작한 것이 세상에 알려진 사례였다. 그의 이야기는 이랬다.

김동호 씨는 대학을 졸업하고 광고 회사 카피라이터로 사회생활을 시작한다. 20년 넘게 광고판에서 산전수전 다 겪으며 광고 밥을 먹어온 정통 광고장이다. 그는 나이 마흔이 넘으면서 인생 2막의 정체성을 고민하기 시작했다. 나머지 인생은 무엇을 하며 어떻게 살아야 할지에 대한 질문이 이어졌다.

결국 고민 끝에 그가 선택한 것은 요리사였다. 그는 요리에 관심이 많았다. 맛있는 음식을 먹은 날에는 집에 와서 같은 음식을 만들 정도로 요리에 취미가 있었다. 요리는 그에게 즐거움이었다. 마침내 그는 사표를 던지고 요리를 배우고자 미국 플로리다로 건너간다. 그의 나이 48세의 일이었다. 플로리다의 일식당과 뉴욕의 한식당에서 꼬박 3년을 일하며 요리의 기본을 다졌다. 어느 정도 실력이 쌓였다 싶을 때 그는 귀국했다. 그리고 호프집 주방장으로 6개월간 근무했다.

드디어 오랜 준비 끝에 종로구 북촌에서 그만의 해산물 요리 전문점을 창업했다. 김동호 씨의 해산물 요리 전문점은 특별한 맛과 주인장의 이러한 창업 스토리가 입소문을 타면서 고객이 몰렸다. 특별한 구경거리에 사람이 몰리듯 이야기가 있는 곳에 사람들이 관심을 보였다. 사업은 순조로웠다.

나 또한 그의 사연에 관심을 두고 인터뷰를 준비했다. 제2의 인생을 알차게 살아가는 자세와 창업 전 철저하게 준비하여 안정적으로 매장을 운영하는 모습을 보며 창업을 준비하는 사람에게 전달할 메시지가 있으리라고 생각했다. 인터뷰를 위한 사전 준비에 들어갔다. 블로그를 검색하고 추가 자료를 탐색하고 혹시 경영자가 책이나 칼럼 같은 것을 쓰지 않았을지 염두에 두고 자료를 모았다. 그렇게 인터뷰 준비를 마쳤다. 마지막으로 인터넷 지도에서 매장 위치를 확인하고, 포털사이트에서 제공하는 뷰(view) 서비스를 이용해 업소의 모양새를 확인했다. 그런데 지도에서는 업소의 이름과 위치가 검색되는데, 포털사이트 뷰 사진에서는 도대체 김동호 씨가 운영하는 해산물 요리 전문점을 찾을 수가 없었다. 몇 번을 검색해도 마찬가지였다. 좀 이상하다는 생각이 들어 국세청 홈페이지에서 휴폐업을 조회했다. 그런데 아, 이런! 이런 일이. 폐업한 것이었다. 인터뷰 준비를 다 마치고 마지막으로 경영자에게 연락하려 했는데 폐업이라니! 허탈했다.

왜 폐업했을까? 폐업한 이유가 궁금했다. 성공적으로 창업해 안정적으로 운영하고 있다고 언론에 소개가 많이 되었는데, 도대체 왜 문을 닫았을까? 그래서 김동호 씨에게 장문의 문자 메시지를 보내 폐업 사유에 대한 인터뷰를 요청했다. 내용은 길었지만 요지는 간단했다. 철저히 준비하고 잘 운영했는데 왜 폐업을 했느냐는 것이었다. 만나서 사연을 듣고 싶다고 청했다. 며칠 후 장문의 답장이 왔다. 그 또한 내용은 길었으나 답은 간단했다. 양해를 구한다는 말과 함께 창업하긴 했지만, 사업이 성공하지 못했으니 특별히 해줄 얘기가 없다는 거였다.

사실 성공 사례도 중요하지만, 실패 사례를 접하는 것도 그에 못지않게 중요하다. 그런 살아 있는 사연을 들으면 창업을 준비하면서 해야 할 것이 무엇인지, 창업 후 운영은 어떻게 해야 하는지를 알 수 있어, 그 사례는 생생한 현장의 소리를 반영한 소중한 귀감이 된다. 하지만 폐업한 사람은 이래저래 속이 상하고 해줄 얘기가 없다고 생각해 뒤로 숨어버린다. 성공 신화에만 목말라 하는 대중의 갈망도 있겠지만, 실패를 인정하지 않는 사회적 분위기도 한몫한다고 본다. 실패에 당당하고 그 안에서 재기할 힘을 키우는 것 또한 창업자가 가져야 할 자세다.

김동호 씨 또한 많이 위축된 느낌이었다. 아쉬운 마음에 한 번 더 문자를 보냈지만, 그 이후론 답이 없었다. 성공 사례가 실패 사례로 급반전한 경우다. 중년 인생 2막의 성공적인 모델이었던 김동호 씨의 해산물 요리 전문점은 그렇게 6년 만에 폐업하고 말았다.

그는 왜 폐업했을까? 본인의 허락을 받지 못해 폐업 사유를 공개할 수는 없지만, 내 경험으로 추정해보면 폐업의 이유는 몇 가지로 정리할 수 있다. 여기저기 언론에도 소개되고 맛있다는 입소문이 났으니 장사가 안 된 것은 아니었을 것이다. 추측건대 건물주의 살인적인 월세 인상에 허덕이다 못 버티고 폐업했을 수 있다. 특히 최근에는 상권의 변화에 따른 건물주의 월세 인상이 사회적 이슈로까지 번지는 추세다. 월세 인상은 충분한 폐업 사유다. 좋은 식재료를 사용했을 테니 50% 가까이 육박하는 재료비를 떼고 남는 것이 없어 문을 닫았을지도 모른다. 치솟는 인건비며 종업원 관리가 힘들어 영업 자체를 포기했을 수도 있다. 장사가 잘되다 보니 초심을 잃고 관리를 소홀히 하여 단골손님을 잃어버렸을지도 모른다. 혹은 주변에 강력한 경쟁자가 나타나 힘도 못 써보고 백기를 들었을지도 모를 일이다.

실제로 창업 당시에는 없었던 경쟁자의 출현으로 폐업하는 사례는 의외로 많다. 서울 연희동에서 커피 전문점을 하던 박다영(가명) 사장의 말이 기억난다.

"내가 창업할 때는 근처에 커피 전문점이 하나도 없었는데, 창업하고 딱 1년 지나니까 근처에 커피 전문점이 다섯 개가 생기더라고요. 도저히 버틸 수가 없어 접었습니다."

창업할 때의 경쟁자보다 향후 중무장을 하고 나타날 잠재 경쟁자가 더 무서운 법이다.

이렇듯 창업 현실에는 다양한 위험이 존재한다. 철저한 사전 준비가 뒤따르지 않는다면 살아남기 어려운 것 또한 현실이다. 강한 자가 살아남는 것이 아니라 살아남는 자가 강한 자라는 말이 그대로 적용되는 것이 창업 세계다. 안에서 단단해져야 오래가는 것처럼 밖으로 보이는 이미지보다 내실을 다지는 일이 더 중요하다.

취미가
창업 아이템이 된다면

취미와 직업의 차이는 무엇일까? 단연 돈일 게다. 돈을 내고 그 일을 즐기면 취미, 돈을 받으며 그 일을 하면 직업이라 부를 수 있겠다. 우리는 가끔 취미가 직업이 되는 상상을 해보곤 한다. 좋아하는 일을 하며 그것으로 돈까지 번다면 그것만큼 좋은 일도 없을 것이다. 열정을 쏟고 일하며 시간을 보내서, 그것으로 삶의 대부분을 채울 수 있다면 분명히 행복하고 만족스러운 삶일 것이다.

실제로 우리 주위에서 취미를 직업으로 한 이들을 종종 볼 수 있다. 음식이 좋아 다니던 직장을 그만두고 식당을 차려 운영하는 사람, 그림이 좋아 회사를 그만두고 전업 작가로 살아가는 사람, 책이 좋아 다니던 회사에 사표를 던지고 책방을 창업한 사람, 사진이 좋아 억대 연봉을 뒤로하고 장애인 전용 사진사가 된 사람 등 우리 주변에는 자신의 꿈과 열정을 찾아 직업으로 연결해보려는 이들이 많다. 이들은 모두 자기 일을 찾아 평생 업(業)으로 만들었으니 넓은 의미로는 '인생 창업'을 한 것이다. 그런데 이들의 끝은 어떨까? 좋아하는 일을 찾아 열정을 품고 시작했으니 매일매일 좋아하는 일을 하며 행복하게 오래오래 살아갈까? 그렇게 사는 이도 있겠으나 슬프게도 현실은 동화책에서처럼 모두 영원히 행복한 결말을 맞이해서 훈훈하게 마무리되는 것만은 아닌 것 같다.

서울 홍제동에서 수제 원목 시계 공방을 창업한 임성균(가명) 씨가 그랬다. 임성균 씨는 손재주가 좋은 편이다. 무엇이든 손만 대면 뚝딱 만들어내고 고장난 중고품도 집중하고 몰입해서 만지작거리면 어느새 새것으로 변한다. 그는 이런 타고난 손재주로 수제 시계를 만들었다. 처음에는 물론 취미였다. 자기 방 한편에 작업 공간을 꾸며서 시계를 만들고 블로그에 올렸다. 디자인이 곡선형으로 특이한 수제 시계는 사람들의 눈길을 끌었고, 임 씨는 자연스레 가격이 얼마냐는 질문을 받게 되었다. 지인들에게 하나씩 만들어 선물도 하고, 재료비만 받고 저렴한 가격으로 팔아보기도 했다. 하지만 본격적으로 제 가격을 받고 판매한 적은 없었다.

그러다 재료비와 인건비를 계산하여 구매를 원하는 사람에게 판매하기 시작했다. 크게 기대하지는 않았으나 한두 개씩 그가 만든 수제 시계가 팔려나갔다. 때마침 다니던 무역 회사도 어려워지고 지금까지 해왔던 영업 일에 지칠 대로 지친 임 씨는 돌파구를 찾던 중이었다. 자연스레 창업을 생각하게 되었다. 아내와 상의해서 창업 쪽으로 가닥을 잡았다. 아내도 남편의 솜씨를 인정했던 터라 잘 준비해서 창업한다면 월급쟁이보다는 나을 것 같다고 생각했다. 다니던 회사에 사표를 던지고 3개월을 준비한 끝에 임 씨는 집하고 가까운 서울 홍제동에 수제 시계 공방을 창업할 수 있었다. 취미가 직업이 되는 순간이었다.

내가 임성균 씨를 만난 것은 창업하고 4개월가량 지난 후였다.

공방으로 들어서니 작업대와 공구, 이미 제작해 만들어 놓은 수제 원목 시계 들이 눈에 들어왔다. 시계는 고급스러워 보이고, 한눈에도 정성이 많이 들어간 흔적을 느낄 수 있었다. 괜찮은 디자인의 시계 하나가 눈에 들어왔다. 가격을 물었다. 그런데 가격에 놀랐다. 벽시계 하나가 20만 원이 훌쩍 넘는 가격이었다. 너무 비싼 거 아니냐고 질문하자 임 씨는 저 시계 하나 만드는 데 품이 얼마나 많이 들어가는지 아느냐고 반문했다. 그의 말이 맞기는 하지만 그렇다고 선뜻 인정할 수 있는 가격대는 아니었다. 다른 제품들도 모두 마찬가지였다.

적어도 원목 시계 하나 만드는 데 이틀에서 사흘이 걸리는데, 재료비는 빼더라도 거기에 들어가는 인건비를 생각하면 20만 원대 벽시계가 아주 터무니없이 비싼 가격은 아니었다. 가치로 따지면 그 정도 가격이 적당하다고 볼 수도 있었다. 그런데 문제는 이것이 팔리지 않는다는 것이었다. 처음에는 특이한 디자인으로 사람들의 관심을 끌었으나 고객층이 얇은 관계로 더는 구매할 고객층이 남아있지 않았다.

시장에서 제품 가격을 결정하는 방법은 크게 3가지로 나뉜다. 원가 중심적 가격 결정, 소비자 중심적 가격 결정, 경쟁 중심적 가격 결정이다. 그리고 이를 통합해 결정하는 통합적 가격 결정 방식이 있다. 용어에서 느낄 수 있듯이 제품의 가격은 제품을 만드는 데 들어가는 원가와 고객이 느끼는 가치와 경쟁자가 시장에 내놓는 가격을 종합해 적정선에서 결정하는 것이 현명한 마케팅 이론이다. 그런데 임성균 씨는 지나치게 원가만 따지는 가격 결정 방식을 고집했다. 다이소에서 만 원, 2만 원이면 살 수 있는 벽시계를 아무리 고급 수제 원목 시계라 할지라도 그것의 열 배를 치르고 구매하는 주부 고객층은 사실 그리 많지 않을 것이다. 물론 품질이나 디자인은 싸구려 제품과는 확연히 다르다는 것을 감안한다 하더라도 말이다.

임성균 씨의 수제 시계가 팔리지 않는 이유는 가격대가 지나치게 높아서 시계를 구매할 만한 목표고객 자체가 별로 없었던 데 원인이 있었다. 점포형 창업도 마찬가지다. 상권 내 목표고객이 존재하는지를 확인하는 것을 상권 분석이라고 한다. 상권 분석을 제대로 하지 못한다면 창업이 성공으로 이어지기는 어렵다. 사람은 어디든 있다. 그러나 중요한 것은 내 물건을 사줄 고객이 어디에 존재하느냐는 것이다. 고객이 존재하지 않는 곳에서 창업하는 것은 고기 없는 연못에서 낚시하는 것과 다르지 않다. 임 씨는 이를 간과했다. 좋아하는 일이니까 상품을 잘 만들어서 대중에게 판매하면, 대중이 그 가치를 알고 사주리라고 믿었다. 그러나 고객은 그렇지 않았다. 고객은 실익에 민감한 집단이다. 임 씨는 창업 1년 만에 폐업했다. 취미로 시작해 창업으로 이어졌으나 목표고객층을 제대로 분석하지 못한 결과였다.

반면 이런 사례도 있다. 〈쿠르베 스피커〉의 박성제 대표는 어쩌다 취미가 직업이 된 사례다. 박성제 대표는 세상에 하나뿐인 곡선형 스피커를 만든다. 박 대표는 MBC 기자 출신으로, 19년 동안 방송국을 다녔으나, MBC 7대 노조위원장을 맡은 후 2012년 MBC 파업의 배후로 지목되어 해고되고 만다. 같이 일할 때는 '가족'이라고 말하고 내칠 때는 '가축' 취급한다는 말처럼 해고는 단호하게 단칼에 이뤄졌다. 박 대표는 하루아침에 실업자 신세로 전락했다. 그로부터 얼마 후 그가 해고의 답답함을 달래려고 시작한 일이 목공이었다. 처음에는 식탁이나 화장대 같은 가구를 만들었다. 그러다가 오디오광인 그의 관심이 스피커로 옮겨갔다. 그것도 처음에는 박스형 스피커만 만들다가 스피커가 꼭 사각형이어야 하는 법이 어디 있느냐는 아내의 말에 힌트를 얻어 곡선형 스피커를 만들기로 마음먹었다. 기술적인 문제는 스피커 전문가인 동호회 회원의 도움을 받아 해결했다. 몇 번의 시도와 테스트 끝에 음질 좋은 스피커를 완성했다. 그렇게 만들어진 것이 지금의 곡선형 스피커인 쿠르베 스피커다.

음악에 별 관심이 없는 나로서는 잘 몰랐던 사실인데, 스피커는 나름 마니아층을 형성하고 있다고 한다. 많지는 않지만 음악의 음질을 즐기며 자신만의 취미에 투자하는 귀가 발달한 사람이 다수 존재한다는 것이다. 이들이 커뮤니티를 형성하고 서로 의견을 교환하며 활발하게 동호회 활동을 하거나 청음회 같은 모임을 개최한다는 사실을 박 대표와의 인터뷰 과정에서 알게 되었다.

〈쿠르베 스피커〉의 스피커는 일반적인 박스형 대신 곡선형이다.
이러한 독특함에 음질이 뒷받침되면서 마니아층들에게 호응을 얻었다.

이들이 바로 박 대표의 목표고객이다. 박 대표는 이들을 중심으로 저변 인구를 넓혀가고 스피커의 성능을 인정받는다면 사업을 펼쳐가는 데 문제없다는 결론을 얻었다. 쿠르베 트리니티 스피커는 1000만 원을 넘지 않는 900만 원대 상품이다. 900만 원대면 비싼 거 아니냐는 질문에 박 대표는 하이엔드(high end) 산업인 고급 스피커로는 결코 비싼 것이 아니라며, 오히려 그 정도면 외국 명품 스피커에 비하여 저렴한 편이라고 말했다. 박 대표는 양질의 좋은 스피커를 합리적인 가격대에 판매하겠다고 생각했다. 일종의 프레스티지 마케팅(prestige marketing) 전략이다.

프레스티지 마케팅이란 소수 마니아층을 상대로 특정 상품의 가치를 추구하는 사람을 공략하려는 판매 전략이다. 가격 또한 철저히 소비자 가치 중심적 가격 전략을 추구한다. 소비자의 가격 저항선을 고려해 구매할 수 있는 범위 내에서 높은 가격대로 판매한다. 게다가 박 대표는 기자 출신이라는 장점을 이용해 언론 소개며 방송국 협찬 등으로 홍보 전략도 적절히 구사하고 있다. 곧 중국 진출도 계획하고 있다고 말했다.

그는 MBC에서 해고되고 실업자로 지내는 동안 두 번의 스카우트 제의를 받았다고 한다. 하지만 둘 다 거절했다. 책에 소개한 그의 거절 사유다.

"두 가지 선택 모두 내가 하고 싶은 일은 아니었다. 나는 즐겁게 살고 싶었다. 돈을 못 벌어도 좋았다. 스피커를 디자인하고 내 손으로 하나하나 완성해가면서 더할 나위 없이 만족을 느꼈다. 즐겁고 행복했다."

　인생사 새옹지마라는 말이 있듯이 때로는 불운이 새로운 기회를 만들기도 한다. 박성제 대표는 그의 책 제목처럼 『어쩌다 보니, 그러다 보니』 스피커 만드는 회사의 사장이 됐다. 말 그대로 어쩌다 보니 취미가 직업이 된 셈이다.

　좋아하는 일을 한다고 해서 모두 다 성공하는 것은 아니다. 취미와 직업은 그 일을 돈을 내고 하느냐 받고 하느냐에서도 차이가 나겠지만, 창업이라는 측면에서 현실적인 차이는 '고객의 존재여부'다. 돈을 내고 취미로 즐기는 일은 내가 고객으로 대접을 받으며 하지만, 그것이 창업으로 이어진다면 돈을 받고 고객을 접대해야 하는 운명이 된다. 내가 좋아하는 일을 남이 좋아해주고 거기다가 돈까지 내어줄 수 있어야 한다는 것이다. 그들이 바로 고객이다. 궁극적으로 이익을 가져다주는 고객이 없다면 취미로 시작한 창업은 결국 실패로 끝나고 말 것이다. 그러므로 목표고객의 존재여부를 확인하고, 그들의 특성을 분석하는 일이 모든 창업의 출발점이다.

　창업은 돈의 논리가 지배하는 자본주의사회에 발을 들여놓는 일이다. 그것은 취미로 즐기는 놀이가 아니며, 같이 모여서 행동하는 동아리 활동도 아니다. 그것은 고객을 대상으로 하는 분명한 판매 활동이다. 창업의 시작은 분명히 좋아하는 일을 찾는 것이 맞다.

그러나 창업의 완성은 부지런한 자세로 고객의 생각을 알아가려고
노력하는 역지사지의 공부로 이뤄진다.

:•: 나의 약점을 점검하고
내 것이 아닌 일은 제거하라

같은 업종을 같은 방식으로 운영하는데 왜 누구는 성공하고 누
구는 실패하는 것일까? 이 질문에 답을 제시한 이가 아동복 가게
〈우쭈쭈〉 오진아 씨다. 나는 『작아도 크게 버는 골목 가게의 비밀』
이라는 책에서 2평짜리 아동복 가게를 운영하는 오진아 씨를 소개
한 적이 있다. 오 씨는 채 2평이 안 되는 작은 매장에서, 그것도 2층
이라는 단점에도 불구하고 하루 평균 50~60만 원의 매출을 기록
하는 알차고 내실 있는 가게를 운영한다고 소개했다.
그 후 장사가 잘되자 오 씨의 친구가 도움을 요청했다. 자신도
아동복 가게를 할 테니 장사 비결을 알려달라는 것이었다. 오 씨는
자신이 운영하는 가게와 가까운 거리도 아니고, 절친한 친구의 간
곡한 요청이기도 해서 그렇게 하기로 허락했다. 아동복 판매 노하
우며 물건 구매처, 고객 관리 요령 등을 알려주고 친구의 창업을 지
원했다. 얼마 후 오 씨의 적극적인 지원으로 친구는 어렵지 않게
〈우쭈쭈〉 2호점의 주인이 되었다. 그런데 친구는 두 달 만에 폐업

아동복 가게 〈우쭈쭈〉.
2평이 채 안 되는 작은 매장에서 하루 평균 50~60만 원의 매출을 기록하고 있다.

하고 만다. 오 씨가 모든 영업 비결을 전수했을 텐데, 그 친구는 두 달 만에 폐업하고 말았다는 사실이 의아했다. 같은 상품을 같은 방식으로 판매하는데도 왜 친구는 폐업한 것일까? 이유는 이랬다.

오 씨는 밝고 쾌활한 성격이다. 외향적인 사람에 가깝다. 손님이 가게에 들어오면 선뜻 반기며 "안녕하세요! 언니, 뭐 찾으시는 거 있어요?"라며 인사를 건네고 눈웃음으로 반겨준다. 말 한두 마디를 주고받아도 상대방의 기분 상태와 구매 여부 등을 재빨리 간파하는 민첩함이 있다. 상황에 따라 고객에 맞춰 유효하게 적절히 응대하는 눈치가 있다. 손님들은 내색은 안 하지만 오 씨의 이런 앞서가는 센스에 만족해하는 눈치다.

반면 오 씨의 친구는 그렇지 못하다. 지나치게 내성적인 부끄럼쟁이다. 친한 사람이나 마음을 주고받은 사람에게는 누구보다도 살갑게 대하지만, 처음 보는 사람 앞에서는 친근하게 대하려고 해도 마음처럼 행동으로 옮기기가 쉽지 않았다. 이런 내성적인 성격 탓에 먼저 손님에게 반가운 얼굴로 인사를 건네는 것이 무척이나 어색하고 어렵다. 그렇게 하면 안 된다고 생각하면서도 손님에게 선뜻 먼저 다가가지 못한다. 아무리 잘해보려고 다짐해도 그때뿐이다. 그런 그녀를 손님들은 불친절하다고 생각한다. 가게에 들어와 휙 둘러보고는 뒤돌아 그냥 나가기 일쑤다. 적응을 못 하는 친구에게 오 씨는 진심 어린 충고를 했다고 한다.

"처음에는 이것저것 잔소리도 많이 하고 내가 직접 가서 가게도 봐주고 했는데, 나중에는 그것도 못 하겠더라고요. 내가 고객한테 그렇게 하면 안 된다고 잔소리를 많이 하니까 싫어하는 눈치더라고요. 그때부터는 저도 말이 조심스러워지고 더는 충고를 안 하게 됐어요."

친구는 장사가 잘되는 겉모습만 보았지, 장사가 자신의 기질과 잘 맞는지 고민해보지 않았다. 친구는 고객 응대에 능숙하지 못했다. 고객 응대 방식이라는 미묘한 차이가 사업의 성패를 결정한 것이다.

최상진(가명) 씨도 이와 비슷한 사례다. 15년간 무역업계에서 근무하고 커피 전문점을 창업한 최 씨는 6개월 만에 사업을 접었다. 최 씨는 평소에도 커피를 무척 좋아하고 즐겼을 뿐만 아니라 커피를 공부하려고 에티오피아까지 다녀올 정도로 철저한 커피광이었다. 커피 맛 감별이라면 대한민국 누구한테도 뒤지지 않을 정도로 실력을 갖춘 그는 원두를 직접 로스팅하고 판매하는 커피 전문점을 창업했다. 하지만 그의 커피에 대한 지나친 자부심이 폐업의 원인이 되었다. 그는 폐업하기까지 힘들었던 심정을 이렇게 말했다.

"커피는 쥐뿔도 모르면서 이것저것 아는 척하는 손님들 때문에 아주 미치겠더라고요. 그게 아니라고 손님에게 제대로 된 정보를 주면 괜히 기분 나빠서 가버리고 그러더라고요. 너무 힘들었어요. 자존심 때문에 도저히 손님을 못 받아들이겠더라고요."

최 씨는 그 이후 커피 전문점을 접고 커피 전문점 창업을 희망하는 점주를 상대로 커피 전문점 창업 컨설팅을 한다. 자신의 커피에 대한 지식을 점주에게 제대로 전달할 수 있어 요즘에는 행복하다고 한다.

중년까지 직장 생활만 했다면, 이러한 세세한 자신의 기질을 모를 확률이 높다. 주어진 업무만 처리하던 경직된 생활 패턴도 문제겠지만, 창업을 계획하지 않는다면 굳이 아이템과 자신의 기질을 맞춰볼 필요를 느끼지 못하기 때문이기도 하다.

사람은 누구나 자신만의 기질이 있다. 이것이 창업이라는 상황에 놓이면 다양한 모습으로 발현한다. 마치 커피를 좋아하는 최 씨가 커피 관련 업종에서 일하는 것은 좋지만, 다른 사람의 평가를 쉽게 받아들일 수 없었던 것처럼 말이다. 그것을 인지하지 못하면 좋아하는 일을 하면서도 불행을 느끼고 하루하루가 고단해서 결국 문을 닫고 마는 사태가 발생한다. 이것이 내 것이 아닌 일을 제거해야 하는 이유다. 나는 이를 '오답 제거법'이라고 말한다. 마치 답을 잘 모르겠고 헷갈리는 4지 선다형 객관식 문제의 답을 찾을 때, 확실히 답이 아닌 문항을 하나씩 지워서 정답을 찾는 방식과 같다.

사람은 저마다 타고난 기질이 다르다. 어떤 이는 사람을 상대하면서 상대방이 무엇을 원하는지 쉽게 파악하는 데 뛰어난 감각이 있다. 그런 사람은 고객을 상대하는 서비스업이나 판매업을 하면 좋다. 반면 어떤 사람은 혼자 조용히 시간을 두고 작업하는 게 편하고, 그런 시간을 통해 괄목할 만한 성과를 이뤄낸다. 만약 그런 사람이 고객을 상대로 판매하는 일을 하거나 종일 고객을 만나는 일을 한다면, 그 일은 실패할 확률이 높다. 어떤 사람은 철저히 아침형 인간이라 늦은 오후가 되면 의욕이 떨어지고 에너지가 소진한다. 이런 사람이 오후에 문을 열고 밤늦게나 새벽까지 영업하는 아이템을 선정한다면 피곤에 절어 살아갈 것이다. 반면 어떤 이는 야간에도 힘든 줄 모르고 일한다.

나는 업무의 특성상 동대문 의류 도매시장에 방문할 일이 많다. 동대문 의류 도매시장은 야간에 열어서 아침에 문을 닫는 곳이다. 대표적으로 유어스, 뉴존, 디자이너클럽, apM 같은 곳이 5~8층짜리 중대형 의류 도매 유통 건물이다. 저녁 여덟 시에 문을 열어 대부분 매장이 아침 일곱 시경에 문을 닫는다. 그곳을 방문할 때면 그들의 오픈 시간에 맞춰 나의 업무 행보도 야간에 일정을 잡는데, 갈 때마다 참 열심히도 산다 싶을 정도로 밤늦은 시간에도 활기와 열정으로 가득해 사람 사는 냄새가 물씬 난다. 워낙 규모가 크다 보니 국내 옷 가게 사장뿐만이 아니라 중국이나 동남아, 일본 등지에서도 구매상의 방문이 잦다.

여성 의류를 취급하는 최진현 씨는 7년간 그곳에서 잔뼈가 굵은 옷 장사꾼이다. 젊은 나이에 의류 쪽으로 방향을 잡고 그곳에서 근무하며 실전으로 업무를 습득한 경우다. 그의 말에 따르면 같은 의류를 취급해도 도매 의류와 소매 의류는 영업 방식에 차이가 크다는 것이다. 그도 처음에는 소매 의류점에서 일을 시작했다고 한다. 그런데 소매 의류는 사업의 규모가 작고 고객 한 사람 한 사람의 취향에 맞춰야 하는 특성 때문에 적성에 맞지 않아서 도매로 전향했다고 한다. 소매 의류와 달리 도매 의류는 취급하는 물량이 많고 고객 한 사람의 취향보다는 의류 산업의 전체 흐름과 동향을 파악하여 사업의 방향을 잡아야 하는데, 그 점이 굉장히 매력적이라는 것이다. 무엇보다 자신이 직접 옷을 디자인하고 제작하여 유통까지 하는 과정이 너무 즐겁고 보람 있다고 말했다. 비록 야간에 근무해야 하는 열악함은 있지만, 자신에 맞는 업종을 선택할 수 있어 좋다고 한다. 이렇게 같은 의류 업종이라도 판매하는 형태에 따라 일의 모습은 다양하게 나타난다.

『위대한 반전(The Flip Side: Break Free of the Behaviors That Hold You Back)』의 저자 플립 플리펜(Flip Flippen)은 사람들이 성공하지 못하

는 이유를 개인의 결정적인 약점에서 찾았다. 그는 장점 계발만으로는 성공할 수 없다며 궁극적인 약점을 깨닫고 그것을 제거함으로써 좀 더 완성된 경쟁력을 갖출 수 있다고 말한다. 나는 여기서 한발 더 나아가 결정적 약점이 있는 창업 아이템이라면 그 일이 아무리 좋더라도 아예 후보군에서 제거하라고 말하고 싶다. 그런 후 남아 있는 후보군에서 가장 잘할 수 있는 일을 선택하면 된다. 중년에 약점을 극복하거나 보완하려고 시도하기보다는 최상진 씨처럼 영업 방식을 바꾸거나 아예 후보 아이템에서 제거하는 편이 현명하다고 생각한다.

그보다 먼저 인지해야 할 것은 그 일을 하는 데 나의 기질이 약점이 될 수도 있다는 사실이다. 그것을 인정하고 받아들임으로써 좀 더 자신에게 맞는 창업 아이템에 가까이 접근할 수 있다. 같은 업종을 똑같은 방식으로 영업한다고 해서 누구나 다 같은 성과를 내는 것은 아니다. 모든 사람의 생김새가 다르듯 타고난 소질과 기질 또한 다르다. 자신에게 맞지 않는 옷은 그것이 아무리 좋은 명품이라 하더라도 어색한 법이다. 자신에게 맞지 않는 것들은 제거하고, 자기 강점을 가장 잘 살릴 수 있는 자신만의 일을 찾아 강점을 키우는 것이 현명한 창업 준비다.

내가 모르는
나의 재능 찾기

　타고난 운명이 있다고 믿는가? 타고난 재능은 어떤가? 타고난 기질은? 운명까지는 모르겠으나 사람마다 타고난 재능이나 기질이 있다는 생각에는 대부분 동의할 것이다. 나 또한 그렇게 생각한다. 그렇다면 타고난 나의 재능과 기질은 무엇인가?

　예술가나 연예인, 운동선수처럼 타고난 재능이 확실한 사람은 그 색깔이 뚜렷하다. 모두 원색이다. 그러나 대부분 평범한 사람은 무채색에 가까운 회색이다. 그렇다고 색깔이 없는 것이 아니다. 단지 그 재능의 색깔이 다른 색과 섞여 있어 드러나지 않을 뿐이다.

　어린이 애니메이션 중에 〈고녀석 참 맛나겠다〉라는 영화가 있다. '하트'라는 이름의 주인공이 나오는데, 하트는 원래는 육식 공룡이다. 그런데 초식 공룡 엄마 손에 키워지면서 자신이 풀을 먹는 초식 공룡인 줄 알고 자라게 된다. 영화 속 주인공 하트는 자신의 정체성을 모르는 채 청소년기까지 자란다. 그러다 우연히 고기를 먹는 경험을 하게 되고, 자신이 육식 공룡이라는 정체성을 발견하게 된다. 그 일로 충격을 받은 하트가 초식 공룡 엄마 곁을 떠나서 모험하게 된다는 이야기다.

　사람도 경험해보지 못한 상황에서 드러나지 않은 자신의 정체성을 발견하는 일은 쉽지 않다. 그것이 단순히 싫고 좋고를 따지는 기호의 문제라면 조금 쉽겠으나, 창업과 관련하여 자신의 기질과 장점을 발견하는 일이라면 문제는 더욱 어려워진다. 사람은 경험을 통해 자신의 정체성을 확인할 수 있다. 중년이 될 때까지 경험해보지 못한 일이 자신의 정체성과 맞는 일인지 알아내기는 어렵다. 그래서인지 중년이 되고서도 "내가 무엇을 좋아하는지 모르겠다"라고 말하는 이가 많다.

　나는 이런 경우 MBTI(Myers-Briggs Type Indicator)나 스트렝스파인더(Strengths Finder) 같은 성격검사를 해보는 것도 도움이 된다고 생각한다. MBTI는 캐서린 브리그스와 그녀의 딸인 이사벨 마이어스 모녀가 정신분석학자인 칼 융의 심리 유형을 근거로 개인이 쉽게 응답할 수 있도록 만든 자기 보고식 성격유형 지표다. 이러한 성격검사는 사람을 유형별로 분류한다. 그리고 그 유형별로 다양한 정보를 제공한다. 물론 이런 성격검사가 사람의 복잡한 사고와 재능의 모든 것을 말해주지는 않는다. 그러나 적어도 내가 어떤 부류에 속하고 무엇을 잘하고 무엇을 못하는지 객관화해볼 수 있다는 데 의미가 있다.

외향(E)Extraversion	에너지 방향 / 주의 초점 ⟷	내향(I)Introversion
감각(S)Sensing	인식 기능(정보 수집) ⟷	직관(N)iNtuition
사고(T)Thinking	판단 기능(판단, 결정) ⟷	감정(F)Feeling
판단(J)Judging	이행 양식 / 생활 양식 ⟷	인식(P)Perceiving

출처 : (주)한국MBTI연구소 홈페이지 www.mbti.co.kr

MBTI는 네 가지의 양극적 선호 경향으로 구성되어 있다.
이 네 가지 선호 지표가 서로 조합되는 방식을 통해 사람의 성격을
열여섯 가지 유형으로 분류한다.

　　나는 MBTI 테스트에서 INFJ 유형으로 판명되었다. 『사람의 성격을 읽는 법(Art of Speed Reading People)』에 나오는 설명을 참조하자면 INFJ형의 키워드는 성실함과 독창성 그리고 계획성이다. 예견력과 창의력이 있는 타입으로 다른 사람의 말에 경청하는 성격이다. 온화하고 점잖은 성품으로 자신을 드러내기보다 뒤에서 조용히 자기 할 일을 하는 타입이다. 매우 독립적이면서도 부지런한 장점도 있다. 정직한 성품으로 주위로부터 존경과 신뢰를 받을 때도 있다. 하지만 현실을 제대로 고려하지 못하는 이상주의자이므로 자신의 의견과 대립하는 관점을 받아들이기 어렵다. 단호하고 조직적으로 계획을 세워 일을 추진하기는 하나 서둘러 결론에 이르려는 급

한 성격으로 뜻밖의 사건에 대응 능력이 부족하다. 이런 단점 때문에 너그러운 친구의 조언이 필요하다.

이 책의 저자인 폴 티거(Paul D. Tieger)는 이러한 사람의 타고난 기질은 변함이 없지만, 성장 과정에 따라 균형 있게 개발할 수 있다고 했다. 그의 이론에 따르면 실제로 사람은 여섯 살부터 자신의 가장 특징적 기질인 주기능이 드러나고 행동 양식도 분명해진다. 그후 스물다섯 살 무렵까지 주기능 외에도 부기능을 발전시켜 균형을 유지하려고 노력한다. 삶의 전반기에 주기능과 부기능을 주로 사용한 사람들은 중년에 접어들면서 자신의 가치관을 재평가하고 삶의 우선순위를 조절하기도 한다. 그래서 나이가 들어가면서 인생을 관조적으로 보고 통찰할 힘이 생기기도 하는 것이다. 쉰 살 이후에는 그동안 사회적 관계에서 열등하다고 느꼈던 기능들을 보완하고, 좀 더 성공적으로 사용하고자 시도한다. 그러므로 쉰 살 이후 중년에도 노력과 보완을 통해 더욱 폭넓은 삶을 살 수 있다는 주장이다. 결국 발전의 시작 단계는 자신의 성격유형을 먼저 파악하는 데서 출발한다. 이를 통해 나의 숨겨진 색깔을 드러내 확인하고 장점으로 개발할 수 있다.

웨인주립대학교(Wayne State University) 의과대학 교수 해리 추가니(Harry Chugani) 박사는 "사람이 많이 다니는 길은 점점 넓어진다. 인적이 드문 길은 황폐해지고 만다"라고 말했다. 이는 사람이 태어나는 날부터 뇌의 특정 시냅스가 서로 연결되어 개인의 고유한 재능으로 이어진다는 주장이다. 사람이 태어나면 그날부터 뇌 안에 있는 모든 신경세포는 다른 신경세포와 의사소통을 위해 수많은 신호를 내보내게 된다. 세 살쯤 되면 사람의 뇌 안에 있는 1,000억 개에 달하는 많은 신경세포가 이러한 연결부를 1만 5,000개까지 형성하게 된다.

그러나 이때 문제가 발생한다. 어린 뇌는 정보가 넘쳐나는데, 그 모든 것을 다 이해할 수는 없다는 점이다. 이 넘쳐나는 정보를 이해하고자 이후 10여 년 동안 사람의 뇌는 그 안에 있는 시냅스들의 네트워크를 다듬고 재정비한다. 더 강한 시냅스는 성장하고 약한 것은 사라진다. 열다섯 살쯤 되면 특정한 기능으로 강화된 시냅스 사이의 초고속 의사소통을 할 수 있게 된다. 이렇게 쌓아 올린 견고한 토대가 한 개인으로서 세상에 반응하는 방식을 형성한다. 이 과정을 통해 바로 한 개인이 가진 특정한 재능의 밑바탕이 형성되며, 인생을 걸쳐 모든 일에 재능을 발휘하게 된다.

자신이 타고난 고유한 재능을 알아보고 싶다면 스트렝스파인더 검사를 해볼 것을 권유한다. 스트렝스파인더는 리서치 회사 갤럽에서 30년 동안 각 분야에 종사하는 200만 명을 대상으로 인터뷰한 결과를 바탕으로 개발한 자기 발견 프로그램이다. 이 검사는 사람의 재능을 테마라고 부르는 서른네 가지 유형으로 구분했다. 스트렝스파인더의 목적은 강점을 명확히 밝혀내는 것이 아니라 강점이 될 가능성이 큰 재능을 발견하여 그것을 강점으로 발전시킬 수 있도록 찾아주는 데 있다. 스트렝스파인더 프로파일을 작성함으로써 자신의 가장 대표적인 다섯 가지 재능 유형을 확인할 수 있다. 책 『위대한 나의 발견, 강점 혁명』에서 제공하는 ID코드를 이용하여 인터넷 사이트(www.strengthsfinder.com)에서 검사할 수 있다.

나는 발상(Ideation), 배움(Learner), 수집(Input), 심사숙고(Deliberative), 지적 사고(Intellection)가 스트렝스파인더 검사를 통해 얻은 다섯 가지 강점 테마다. 책에서는 다섯 가지 강점 테마를 자세하게 설명하고 있는데, 간단히 종합해보면 다음과 같다. 나는 지적 호기심이 강하고, 배우고자 하는 열망이 있으며, 성격이 신중한 것으로 나타났다. 반면 어떤 일을 선택할 때 매우 조심스럽고 심사숙고하는 편이다. 스트렝스파인더 검사를 통해 얻은 결과 또한 나의 전반적인 성향을 적절히 설명한다는 점에 동의한다.

두 가지 검사를 종합해본 결과 나의 성격에 대해 공통으로 겹치는 부분이 있었다. 정리하자면 첫째, 나는 확실히 내성적인 성격이다. 그래서 그런지 사람을 상대하는 일보다는 혼자 조용히 연구하고 작업하는 일을 선호한다. 내가 사업하면서 '고객 응대'하는 일이 가장 힘들었던 것처럼 사회적 관계 형성에 어려움을 겪을 때가 종종 있다. 둘째, 책을 좋아하는 나는 사색하거나 창의적인 일에 잘 맞는 것으로 나타났다. 이런 면을 고려한다면 나는 문과 계통, 예를 들어 철학, 심리학, 문학, 예술 분야에 종사하는 것이 좋다. 그런데 대학 시절에는 어찌 됐건 나는 이공계를 공부했다. 셋째, 준비성은 강한 편이지만 어느 한쪽을 쉽게 결정하지 못하는 성격을 보였다. 모든 일을 계획하고 순서대로 진행하는 꼼꼼함도 있지만, 어떤 일을 결정할 때 귀가 얇아 우유부단한 면도 있으니, 아주 거부할 수 없는 결과다. 검사 결과대로라면 나는 사업적 기질이 매우 낮은 사람이다. 연구원이나 교육 계통에 종사하는 것이 좋다는 결론이다.

자신을 아는 것은 중요하다. "바쁜 일상 속에서, 한 걸음 빠져나와 귀를 스치고 지나가는 사나운 바람 소리를 잠재우고 자기 내면의 소리에 귀 기울여 본다면 자신의 재능을 찾을 수 있는 일에 집중할 수 있다"(마커스 버킹엄(Marcus Buckingham) 외, 『위대한 나의 발견, 강점 혁명(Now, Discover Your Strengths)』, 청림출판, 2001)라는 말처럼 어떤 정해진 공식으로 계산한다고 해서 자신을 찾을 수 있는 것이 아니라 한 걸음 뒤로 물러나서 스스로 돌아봐야 자신을 발견할 수 있다. 이러한 성격검사를 통해 창업 전 자기 성격이 어디에 속하는지 알고 그에 맞는 사업 전략을 세운다면, 좀 더 성공에 가까운 창업을 할 수 있으리라 생각한다. 그러므로 자신에게 맞는 일이 무엇인지 고민하고 있다면, 성격검사를 통해 내 안에 숨겨진 기질의 장점은 무엇인지 한 번쯤 확인해보는 것은 어떨까. 『위대한 나의 발견, 강점 혁명』의 저자 마커스 버밍엄은 성공에 대해 이렇게 말했다.

"강점을 살리며 살아가는 가장 중요한 요소는 재능, 가장 강력한 시냅스의 결합이다. 가장 뛰어난 재능을 알아내어 기술과 지식으로 갈고닦아라. 그러면 성공적인 삶을 살 수 있을 것이다."

Chapter 3

변화하는 창업 트렌드

∶∶ 냉엄한 자영업 먹이사슬의 세계

마지막 한 발 남았다. 마지막 한 발만 명중한다면 금메달 확정
이었다. 숨을 고르고 온 신경을 집중하여 마지막 한 발을 당겼다.
탕! 짧고 경쾌한 총성과 함께 총알은 과녁에 명중했다. 올림픽 금메
달이 확정되는 순간이었다. 그는 두 손을 들어 승리에 환호했다. 관
중도 열광했다. 그런데 시간이 좀 지나자 관중의 반응이 이상했다.
웅성거리기 시작했다. 무언가 잘못되었다는 생각이 들었다. 곧이
어 금메달을 확정지었던 마지막 열 번째 한 발이 0점 처리됨을 알
리는 결과가 발표되었다. 어찌 된 일인가? 분명히 마지막 한 발은
명중했는데. 확인 결과는 황당했다. 그는 마지막 한 발을 그의 과녁

이 아닌 옆 선수의 과녁에 명중한 것이다.

이 웃지 못할 황당한 사건은 실제로 있었던 일이다. 2004년 아테네 올림픽 50m 남자 소총 3자세 마지막 격발 때 미국의 사격 선수 매튜 에먼스(Matthew Emmons)가 저지른 어처구니없는 실수다. 이 마지막 한 발의 실수로 매튜 에먼스는 아홉 발까지는 1위로 달렸지만, 8위로 밀려나 꼴찌로 성적을 마무리하고 말았다.

인생의 과녁을 잘못 맞힌다면 어떻게 될까? 지금까지의 노력이 물거품이 됨은 물론이요, 다시 일어설 희망을 잃을지도 모른다. 중년이라는 세월까지 착실히 잘 다져왔는데 마지막 한 발에서 어처구니없는 실수를 한다면 인생의 금메달은 다른 이의 차지가 될 것이다. 창업을 이와 비교해보자. 준비 과정도 중요하지만, 실전에서 집중력이 흐트러져 마지막 한 발을 실수한다면 모든 노력이 수포로 돌아가고 말 것이다.

비슷한 사례가 있다. 2013년 여름, 창업자금 대출을 상담하고자 이나영(가명) 씨를 만났다. 이 씨는 20년 가까이 보험회사 중견 사원으로 근무하고, 3개월 전 모 수제 떡 카페 체인점에 가맹하여 창업한 상태였다. 그녀는 평소에도 수제 떡에 관심을 두고 꾸준히 창업을 준비했다고 했다. 매장은 17평 정도로 아담했으나 역세권 대로변에 위치하여 보증금, 권리금, 가맹비, 시설비, 초도 물품 등으로 1억 7,000만 원가량 투자되었다. 가게는 그녀 인생의 모든 것이었다. 그녀는 나이가 쉰에 가까웠으나 독신으로 혼자 생활하고 있었다. 언제까지나 회사에 근무할 수는 없다고 생각하여 7년 전부터 창업을 준비했다고 했다. 전형적인 중년창업이었다.

그녀는 체계적으로 준비한 듯 보였다. 제과·제빵 학원을 다녀 자격증도 취득하고, 떡 제조 기술도 배워 웬만한 떡은 직접 다 만들 줄 알았다. 문화센터에서 케이크 데커레이션 과정도 수료하여 창업에 필요한 모든 기술을 익혔다.

그러나 철저한 준비로 순조로울 것 같던 그녀의 창업 인생은 3개월 정도가 지나면서 문제가 드러나기 시작했다. 새벽에 일어나 그날 판매할 떡을 직접 제조하는 일이란 작은 체구의 그녀가 감당하기 힘들 정도로 중노동이었다. 진열대에 예쁘게 진열된 떡은 손님들이 볼 때는 그저 탐스럽고 먹음직스러운 상품에 불과했지만, 그 안에는 새벽부터 일어나 쌀을 빻고 떡을 찌고 장식을 올려야 하는 주인장의 힘겨운 노동의 과정이 들어 있었다. 그녀는 힘에 부쳤다. 예상치 못한 노동 강도였다.

무엇보다 이 씨를 우울하게 한 것은 자신이 사기당했다는 자괴감이었다. 창업 절차가 편하고 체인 본사에서 전폭적으로 지원해준다고 약속하여 모 떡 카페 체인점에 가맹하여 창업했는데, 가맹비며 기계 장비 구입비며 인테리어 비용까지 다 치르고 나니 본사 담당자는 전폭적인 지원은커녕 언제 그랬냐는 듯이 나 몰라라 하는 식이었다. 체인 본사가 자기네들 이익만 챙기고 뒷짐 지고 서 있으니 울화가 치밀었다. 하지만 정작 계약서를 들이밀고 잘못된 거 없다고 말하는 통에 뭐라 제대로 항변도 할 수 없었다. 영업은 해야 했기에 급한 건 이나영 씨였다. 거기다 한술 더 떠 부동산과의 거래 과정도 의심스러웠다. 나중에야 권리금을 과도하게 지급했다는 것을 알고 부동산의 부당 거래에 놀아난 것이 아니냐는 의심이 들었다. 심증은 있었으나 물증이 없었다. 게다가 권리금은 법적으로 보호받을 수도 없는 비용이지 않은가. 하지만 이제 와 어쩌랴, 이미 엎질러진 물인 것을.

이래저래 체인 본사로부터의 장비 강매며 의심스러운 부동산의 상도에 어긋난 반칙에 돈은 돈대로 날리고 속은 있는 대로 뭉개지고 몸은 힘들어 죽을 지경이었다. 엎친 데 덮친 격으로 매출도 별로였다. 나는 7년 동안 무슨 준비를 어떻게 했느냐며 묻고 싶었지만, 차마 말을 할 수 없었다. 이 씨는 건드리면 울 것 같았다.

이나영 씨는 창업을 7년간 준비하면서 과녁을 정조준하지 않았다. 수제 떡 카페 창업을 위해 기술력은 익혔으나 정작 중요한 자영업 시장의 생리를 몰랐다. 요즘 같은 민주 사회에 정의로운 사람들이 건전하게 사업하리라고만 생각했지, 그 실상에 들어가 창업 세계의 어두운 이면을 보려고 하지 않았다. 기술을 익히는 것이 창업의 전부라고만 생각하고, 그것에만 초점을 맞추고 계속 방아쇠를 당겼다. 원가계산이며 손익계산서 작성 등 경영에 필요한 아주 기초적인 것들을 다 안다고 생각하고 무시했다.

만약 그녀가 한 번이라도 관련 업종에 종사하여 경험을 쌓았더라면 이런 실수는 범하지 않았을지도 모른다. 멘토를 찾아가 업종 환경을 들었더라면 적어도 사기는 면할 수 있었을 것이다. 어떻게 창업해야 하는지, 어떻게 하면 망하고 왜 실패하는지 이유를 알려고 했다면 7년 준비가 지금쯤 금메달을 안겨주었을지도 모른다.

그러나 그녀는 그렇게 하지 못했고, 세상에 그물을 쳐놓고 기다리던 자영업 먹이사슬 포식자의 맛 좋은 먹잇감이 되고 말았다.

사람이 움직이는 길이 트렌드를 만든다

"홍대 앞 상권이 그렇게 죽은 줄 몰랐어요. 연남동 상권이 이렇게 커졌네요. 아! 정말 옛날 홍대가 아니네요. 언제 이렇게 상권이 변했대요?"

합정동에서 커피 전문점을 창업한 박지영(가명) 씨가 한 말이다. 홍대 앞에서 10년 넘게 장사했는데, 가까운 연남동 상권이 이렇게 뜬 걸 몰랐단다. 답답한 마음에 한마디 했다.

"홍대 앞에서 그렇게 오래 장사하셨는데 상권 변한 거 모르셨어요?"

"네, 정말 몰랐어요. 그 안에 있으니까 세상 변하는 거 모르겠더라고요."

박지영 씨는 홍대 정문 앞에서 고깃집을 10년 정도 운영하다가 매출이 계속 떨어지자 가게를 넘기고 2015년 합정동에서 커피 전문점을 창업했다. 몇 년 전부터 가게를 내놓기는 했는데 가게가 나가지 않자 얼마 전 권리금을 대폭 낮추고서야 간신히 가게를 넘겼다. 그나마 다행히 큰 손해는 보지 않았으니 그마저도 안 나갔으면 어쩔 뻔했느냐고 그동안 졸였던 가슴을 쓸어내렸다.

서울 합정동, 연남동이 떴으니 당연히 홍대 앞을 찾던 젊은 고객층이 그쪽으로 몰렸는데도 10년 넘게 아무런 변화 없이 옛날 생각만 하며 장사하던 박지영 씨는 왜 매출이 계속해서 떨어지고 있는지도 몰랐다. 당장 오늘 주어진 일에 충실해 열심히 일만 하고 살았지 세상의 변화에 관심이 없었던 것이다. 답답해 보이지만 사실 장사를 하다 보면 이런 일은 우리 주변에 자주 일어난다. 마치 태풍의 눈처럼 변화의 핵심에 있을 때는 태풍 밖 세상이 얼마나 요동치고 있는지 느낄 수 없는 것과 같다. 경영자는 의외로 장사에 집중하고 먹고사는 데 정신이 없어 세상의 흐름과 변화에 민감하지 못한 경우가 많다.

트렌드란 무엇인가? 트렌드란 사상이나 행동 또는 어떤 현상에서 나타나는 일정한 변화의 동향, 경향, 추세, 스타일을 뜻한다. 쉽게 말해 앞으로 닥쳐올 미래의 새로운 유행이라고나 할까. 사람들 취향과 마음의 흐름이라고 볼 수도 있다.

창업에서 트렌드 파악이 왜 중요할까? 지금으로부터 2,000년도 더 된 중국의 고전 『사기열전』에 "어리석은 자는 이미 이루어진 일도 모르지만, 지혜로운 자는 일이 시작되기 전에 안다"라는 말이 나온다. 트렌드 파악이 중요한 이유는 이것을 통해 선인들이 얘기하는 지혜를 얻어 미래를 예견하고 사업의 방향을 잡고 위험을 피하기 위함이다. 이 트렌드의 흐름을 잘못 타서 사업에 실패한 사람이 얼마나 많은가.

지금 서울의 합정동, 상수동, 연남동 상권은 계속 팽창 일로에 서 있다. 이렇게 뜨고 지는 상권 변화의 움직임은 서울시 곳곳에서 일어난다. 예를 들면 서촌, 북촌, 경리단길, 가로수길, 인사동, 성미산마을 등이 지금 한창 뜨는 곳이다. 이렇게 새롭게 부상하는 상권은 점점 활성화하고 커지면서 사람의 방문이 늘어난다. 사람이 모여드니 가게도 잘되고 조용하던 동네가 북적거리며 활기를 띠기 시작한다. 생활도 편리해지고 거리도 깨끗해지고 맛집도 많이 생기니 이제야 사람 사는 동네 같다. 여기서 그치면 딱 좋다.

그다음부터가 문제다. 가게가 장사가 잘되니 건물주가 슬그머니 다가와 월세를 올려달라고 한다. 저 앞집도 저 옆집도 월세를 모두 올려 받았다고 한다. 그러니 자기도 어쩔 수 없다는 거다. 세입자는 언제나 '을' 신세니 어쩔 수 없는 노릇이다. 싫으면 나가는 수밖에. 그렇게 해서 그럭저럭 장사해서 먹고살던 동네 작은 구멍가게 할머니, 오랫동안 그곳 터줏대감으로 자리를 지켜온 세탁소 아저씨, 해 밝은 대낮이면 동네 사랑방이 되었던 미용실 아줌마 같은 업종의 종사자가 쫓겨나고, 그 자리에는 대신 기업형 프랜차이즈 커피 전문점이나 분위기 좋은 대형 레스토랑이 어김없이 들어온다. 이러한 현상을 젠트리피케이션(gentrification)이라고 한다. 무엇이든 소비하게 하는 신자유주의 체제의 씁쓸한 단면이라 하겠다.

이런 현상이 사회적 문제가 되어 서울시에서 '젠트리피케이션 종합 대응 방안'까지 내놓았으나 실효를 거둘지는 의문이다. 결국 이런 현상이 지속하면 상가는 계속 물갈이가 되면서 월세는 월세대로 권리금은 권리금대로 치솟아 폭발 직전이 된다. 전문가들은 이 구동성으로 말한다. 팽창할 대로 팽창하다가 결국 거품이 꺼지면 마지막에 들어간 사람만 손해 볼 거라고. 그렇다고 앞에 장사한 사람이 한몫 챙겨 나오는 것도 아니다. 살인적인 월세에 시달리다 허덕이고 두 손 두 발 다 들고 나오는 경우가 허다하기 때문이다. 손해 안 보고 나오면 다행이다. 이런 현상을 모르고 가게 자리 좋다고 덜컥 계약하고 들어갔다가 본전도 못 건지고 나오는 사례가 어디 한둘인가 말이다.

그래서 트렌드 파악이 중요하다. 창업 아이템 선정은 물론이요, 창업 후에도 사업의 성패를 좌우할 수 있기 때문이다. 상권의 변화뿐만이 아니라 창업 시장의 흐름, 사업환경의 변화, 소비자 의식구조의 변화, 뜨는 아이템과 지는 아이템 그리고 거기서 양산되는 각종 부작용 사례, 이런 큰 물줄기를 파악하여 꿰차고 있다면 그 흐름이 앞으로 어떻게 흘러갈지, 위험은 어떻게 피해갈지 예측할 수 있다. 앞에 소개한 이나영 씨 같은 사례도 창업 준비 기간 7년 동안 트렌드 파악을 제대로 하지 않았으므로 피해를 본 것이라 볼 수 있다.

중요한 것은 미래의 트렌드다. 트렌드란 결국 사람의 흐름인데, 사람이 지나간 자리에 돈이 생기는 법이다. 사람이 움직이는 길이 곧 세상의 흐름인 트렌드를 만든다. 그렇다면 앞으로 다가올 트렌드는 어느 방향으로 흘러갈까? 우리는 여기서 미국의 심리학자 에이브러햄 매슬로(Abraham Maslow)의 이론을 주목할 필요가 있다. 매슬로는 인간의 동기 유발 과정을 5단계로 정리하였는데, 인간의 심리는 단계별 욕구가 채워진 후 다음 단계로 이동한다는 이론을 주장했다. 이른바 '매슬로의 욕구 5단계'다. 그 이론은 다음과 같다.

∴ 육체적 배고픔에서
정신적 헛헛함의 시대로

매슬로는 인간의 욕구를 5단계로 구분했다. 먼저 인간의 가장 기본적인 욕구인 식욕, 수면욕, 성욕 같은 '생리적 욕구'다. 다음으로 정신적, 육체적인 위험을 회피하고 싶은 '안전 욕구'다. 2단계 안전 욕구가 채워지면 다음으로 가정, 친구, 집단에 소속되어 애정을 주고받으려는 '사회적 욕구'가 고개를 내민다. 이후로는 고차원적

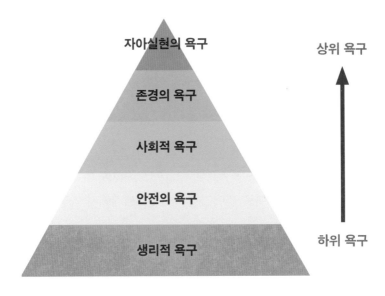

자아실현의 욕구

존경의 욕구

사회적 욕구

안전의 욕구

생리적 욕구

상위 욕구

하위 욕구

• 매슬로 욕구 5단계 •

인 욕구로 넘어가는데, 주변 사람들로부터 긍정적인 평가나 인정을
받고 싶어 하는 '존경의 욕구'가 표출된다. 마지막으로 자신의 잠재
력과 재능을 발휘해 뭔가를 이룩하고 싶은 성취욕인 '자아실현 욕
구'가 5단계를 차지한다.

　요컨대 매슬로의 욕구 5단계를 간단히 말하자면, 인간은 먹고
사는 문제에 집착하다 그것이 어느 정도 해결되면 감정을 중시하는
단계로 넘어가고, 궁극에는 자아 존중감이나 자아실현 같은 정신적
활동을 욕망하게 된다는 것이다. 고로 육체적 배고픔에서 정신적
배고픔으로의 전이가 일어난다는 주장이다. 육체를 비우며 고난을

자처하는 '배고픈 사상가'가 없는 것은 아니지만, 시대의 흐름을 종단면으로 잘라 세우고 가치관의 변화라는 거울에 비추어볼 때 점차 고차원의 욕구가 생겨난다는 매슬로의 이론은 꽤 설득력이 있어 보인다. 헐벗고 굶주리면서 명상을 즐기는 사람은 많지 않을 테니 말이다.

우리나라 현대 경제사만 들춰봐도 그렇다. 한국전쟁 이후 1960년대 우리나라는 말 그대로 찢어지게 가난한, 세계에서 가장 못사는 나라 중의 하나였다. 1961년 국민소득이 고작 82달러였으니 얼마나 먹고살기 힘들었는지 짐작할 수 있겠다. 당시 정부의 당면 과제 또한 어떻게든 가난에서 벗어나 보자는 것이었다. 일단 주린 배를 채우고자 하는 '생리적 욕구'가 극에 달한 시대였다.

그 후 비약적인 발전을 통해 우리나라는 산업화에 성공한다. 건설과 중공업 분야에서 약진을 거듭해 1977년 국민소득은 1,000달러에 달했고, 같은 해 100억 달러 수출 과업을 달성한다. 비로소 먹고사는 문제에서 조금 자유로워지기 시작한다. 당시에는 '먹는장사 남는 장사'라는 말이 나올 정도로 장사하기도 사업하기도 수월한, 우리 경제가 쑥쑥 자라던 시절이었다. 그 시절에는 물가도 지금보다 싸고 인건비도 저렴했다. 월세도 크게 부담스러운 정도는 아니었다. 심지어 세금도 지금보다 덜 냈다. 한마디로 장사하기 좋은 시절이었다.

1980년대로 접어들면서 경제는 성장했으나 불안한 정치 상황과 열악한 노동환경이 맞물려 사람들은 안전 욕구가 생겨나기 시작한다. 차별이나 불평등이라는 말이 노동자의 권리 주장과 함께 등장한다. 범죄, 사기, 부패, 비리 같은 고도성장에 따른 사회적 부작용도 동반 성장한 시기다.

이런 부작용으로 대한민국의 성장세는 1997년 역사에 길이 남을 IMF 시대를 만나 주춤한다. 돌이켜보면 "1963년부터 1996년까지 대한민국은 고도성장 시대였다. 이 34년간 인구는 1.7배 성장하고, 구매력으로 평가한 1인당 실질소득은 약 10배 증가하였다. 그렇게 잘나가던 대한민국 경제는 1990년대 후반 IMF 경제 위기를 맞으며 고도성장 시대의 종말을 맞는다."(이헌창, 『한국경제통사』, 법문사, 2016) 그래서 1980~1990년대에는 번듯한 가게 하나 있으면 먹고사는 데 지장이 없다는 말이 있을 정도로 경기도 좋고, 경쟁도 지금처럼 심각하지 않았다.

인생의 고비를 넘기고 삶이 성숙하듯, IMF 사태 이후 2000년을 맞이하고 성장의 축으로만 달리던 우리나라는 비로소 전력 질주를 멈추고 주위를 돌아보기 시작한다. 무엇을 위해 이토록 열심히 사는지 자신과 주변을 돌아보는 성찰의 시간을 보내게 된다. 자아를 찾고 싶어 하는 변화가 시작된 것이다. 이러한 변화의 조짐이 보이는 것은 즉, 가치관의 변화가 발생하기 때문이다. 이런 가치관의 변화도 저절로 생겨나는 것이 아니라 정치, 경제, 사회, 생활, 문화 등이 사람 간의 상호작용을 통해 지속해서 변하기 때문에 발생한다. 지금껏 힘들게 살아왔던 자신을 돌아보며 '성공' 중심에서 '행복' 중심의 가치관으로 관심이 옮겨가기 시작한다. 2015년 1인당 국민소득은 약 2만 천 달러다. 1961년에 비해 무려 330배 이상 늘어난다. 명실공히 우리나라는 원조를 받던 나라에서 원조를 주는 나라로 변신했다. 매슬로가 주장하는 육체적 배고픔의 단계를 지나 정신적 · 정서적 배고픔의 단계로 접어들기 시작한 것이다.

이런 경제 변화가 창업 시장에는 어떤 영향을 미칠까? 우선 사업체 수와 업종의 변화가 대표적이다. 소상공인의 숫자도 경제성장과 함께 꾸준히 증가했다. 통계청 '전국 사업체 조사'에 따르면 소상공인의 대표 업종인 음식 · 숙박업의 사업체 수는 1993년 41만여 개에서 2000년 60만 개를 넘어 2014년에는 70만 개까지 늘어난다. 20년 만에 약 두 배 가까이 늘어난 셈이다. 2015년 전체 자영업자수는 통계청 추산 560만 명 정도 된다. 이렇게 사업체 수가 늘어나는 것을 반길 수만은 없다. 그만큼 경쟁도 심해져서 결국 한정된 시장의 파이를 나눠 먹게 되는 빈익빈 부익부 현상이 발생하기 때문이다.

소상공인의 업종에도 많은 변화가 있었다. 과거에는 음식점, 일반 소매점, 미용실 같은 단순 생활 밀착형 업종이 주류를 이루었으나 최근에는 과거에 보기 힘들던 업종이 많이 눈에 띄는 현상을 보인다. 대표적인 것이 선진국 산업이라 불리는 애완동물용품점이다. 1인 가구의 증가, 출생률 저하, 고령화로 '외로움에 익숙한 사회'가

되다 보니 반려동물을 기르는 사람들이 늘어난 탓이다. 국내 애견 시장의 규모는 2조 원대로 성장했다. 집 밖에서 기르던 개가 집 안으로 들어오는 현상이다. 애견 시장의 성장과 맞물려 애견용품점은 물론이요, 애견 미용, 애견 호텔, 애견 카페, 심지어 애견 간식 업체 등이 생겨날 정도로 애견 시장은 앞으로도 계속 성장할 전망이다.

'제2의 초콜릿 시장'이라고 부르는 대표적인 감성 산업인 향기용품 전문점은 어떤가. 서울 중구에 있는 방산시장은 내가 2년 전에 방문할 때만 해도 향기용품 매장이 그렇게 많지 않았다. 그런데 지금은 향기용품 거리와 함께 프랜차이즈 브랜드가 생겨날 정도로 매장도 많아지고 활성화됐다. 산업통상자원부에 따르면 국내 향기 제품 시장 규모는 2조 5,000억 원 정도로 매년 10%씩 증가한다고 한다.

헬스클럽의 변모는 이미 진행 중이다. 과거 무거운 것을 들며 근육을 단련하던 남성의 대표적 운동 보디빌딩에서 이제는 웰니스(wellness)를 추구하는 피트니스 센터로 탈바꿈하고 있다. 자기 몸에 관심을 보이는 젊은 여성층을 중심으로 건강하게 잘 살아보자는 웰빙에 대한 요구가 증가하면서 힐링과 다이어트, 재충전의 공간으로 헬스클럽은 이미 옷을 갈아입었다. 그뿐만이 아니라 후식 전문 매장, 캠핑카, 명상 센터, 유기농 식품 매장, 게스트하우스 등 정신, 정서, 여가, 웰빙을 추구하는 사람들의 욕구를 반영한 산업은 계속 증가할 것으로 보인다.

방산시장 향기용품 거리.
'제2의 초콜릿 시장'이라고 불리는 대표적 감성 산업인 향기용품 전문점이 밀집해 활성화되어 있다.

한번은 이런 일이 있었다. 창업 대출을 상담하려고 홍대 앞 제모 전문 매장을 방문했다가 깜짝 놀랐다. 제모를 전문적으로 서비스하는 매장이 있다는 것은 알았지만, 당연히 제모하는 고객은 전부 여성일 것이라고 생각했는데, 고객의 30%는 남성이라는 사장의 말을 듣고 적잖이 놀란 적이 있다. 말끔한 몸과 깨끗한 이미지를 선호하는 남성이 증가하면서 돈을 내고 제모하기를 원하는 남성이 늘고 있다는 설명이다. 몸에 난 털을 제거하고자 돈을 투자하는 남성이 있다는 사실을 이제 나이가 50대에 이른 나의 보수적인 가치관으로는 선뜻 받아들이기 힘들었으나, 그 또한 달라진 가치관의 변화를 말해주는 듯해서 의미 있는 변화로 인정할 수 밖에 없었다.

그렇다면 이러한 트렌드 변화가 말해주는 의미는 무엇인가? 이런 변화는 창업 시장에 어떤 영향을 미칠까? 그것은 창업의 형태가 바뀌어야 한다는 것이다. 단순히 매장을 열어서 손님을 받고 물건이나 서비스를 판매하는 전통 방식으로는 안 된다는 말이다. 매슬로가 주장했던 것처럼 이제 사람들이 단지 빈속을 채우고자 돈을 쓰는 것이 아니라 헛헛한 마음을 달래려고 소비하는 시대가 온 것이다. 이른바 '니즈(needs)'의 시장에서 '원츠(wants)'의 시대로 바뀌고 있다. 인생의 가치, 삶의 의미를 추구하는 시대로 사람들의 의식 구조가 변하고 있다는 증거다.

이는 중년이 창업을 준비하면서 간과하기 쉬운 부분이다. 지금의 중년이 잘나가던 시절, 그 시절 방식에 매몰되어 창업 아이템을 구상하고 콘셉트를 잡아서는 승산이 없다는 의미이기도 하다. 그러므로 창업 아이템을 구상할 때도, 사업을 운영하는 콘셉트를 세울 때도, 고객을 대하는 서비스 방식을 결정할 때도, 최소 향후 5년의 트렌드 변화를 내다보고 사업을 구상해야 한다. 앞서 말했듯 트렌드의 변화는 사람들의 가치관 변화다. 먼저 창업주의 가치관 변화가 우선이다. 생각이 변해야 행동이 변하는 법이다.

창업을 준비하면서 하나의 아이템에 세상의 모든 트렌드를 접목할 수는 없다. 개인이 할 수 있는 역량은 분명히 한계가 있다. 일의 속성을 파악하고 자신의 기질을 발굴해 트렌드와 접목한 창업 아이템으로 발전시키는 것, 그리하여 내가 좋아하는 일을 사람들이 좋아하는 것으로 만들기를 성공할 때 사업의 성과와 일을 통한 자기만족이라는 두 마리 토끼를 잡게 될 것이다. 그런 의미에서 나는 3가지 변화에 주목하라고 말하고 싶다. 사람의 마음을 말랑말랑하게 해주는 '문화 코드', 헛헛한 마음을 채워주는 '감성 터치', 나를 알아주기 바라는 '개인화'가 그것이다.

감성을 자극하지 못하면 시선을 끌 수 없다

어느 레스토랑 입구에서 노숙자가 구걸하고 있었다. 노숙자는

'집이 없어요. 도와주세요'라는 팻말을 들고 있었다. 그 노숙자에게 어느 신사가 2달러를 주며 한 가지를 제안했다. 팻말의 문구를 바꿔줄 테니 자신이 레스토랑을 이용하는 두 시간 동안 문구를 바꾸지 말라는 것이었다. 그 신사는 자신이 레스토랑을 이용하고 나올 때까지 노숙자가 그 자리에 있다면 그에게 5달러를 더 주겠다는 약속까지 했다. 신사는 팻말에 새 메시지를 써주었다. 그러고 나서 레스토랑으로 들어갔다. 두 시간가량이 지나 레스토랑 밖으로 나오는 길에 노숙자를 다시 만났다. 노숙자는 그 자리에 있었는데, 처음 약속한 대로 신사가 5달러를 주려고 하자 노숙자는 극구 사양하는 것이었다. 오히려 자신이 10달러를 주겠다며 고집까지 부리는 것이 아닌가. 극구 사양하는 신사에게 노숙자는 10달러를 건넸다. 이유는 이랬다. 신사가 팻말의 문구를 바꿔주고 레스토랑으로 들어간 두 시간 동안 무려 60달러를 벌었다는 것이었다. 그 신사가 바꿔준 문구는 "배고파 보신 적 있나요?"였다.(패트릭 랑보아제·크리스토 모린, 『뉴로마케팅(Neuromarketing : Le Nerf de la Vente)』, 미래의창, 2007. 중에서 각색)

인간은 왜 감성의 지배를 받는가? 그것은 아마도 세상이 더는 물리적인 근육의 힘으로만 작동하지 않기 때문인지도 모른다. 감성지수(EQ)가 지능지수(IQ)보다 더 중요하다고 주장하는 심리학자 대니얼 골먼(Daniel Goleman)은 그 문제에 다음과 같은 답을 내놓는다.

"감성은 곤경에 직면했거나 위험, 고통스러운 상실감, 좌절에도 불구하고 목표를 향해 나아가게 해주고, 동료와의 긴밀한 유대감 혹은 가족의 형성 같은 아주 중요해서 이성에만 내맡길 수 없는 문제들에 부딪혔을 때도 우리를 안내한다. 사랑, 미움, 노여움 같은 각각의 감성은 별개의 차이 나는 행동을 만들어낸다. 즉 삶에 찾아오는 곤혹스러운 일들을 처리하는 데 좋은 효과를 가져왔던 방향을 제시하는 것이다. 이런 상황이 진화의 역사를 통해 거듭 반복되면서 인간의 신경에 내재하는 감성의 목록으로 살아남게 됐고, 그것은 인간의 마음이 자동적인 경향성을 띠게 됐다는 사실로 입증할 수 있다."(대니얼 골먼, 『EQ감성지능』, 웅진지식하우스, 2008)

말하자면 인류의 오랜 진화 과정에서 감성이 발달했고, 그렇게 발달한 감성은 인간 행동을 지배하는 인자로 작용한다는 논리다. 또한, 대니얼 골먼은 "좋든 싫든, 감성이 지배할 때 이성은 아무런 소용이 없게 될 수 있다"라며 머리로 생각하는 논리적 가치보다 가슴이 이끄는 감성이 인간의 행동에 미치는 영향이 더 중요하다고 강조했다.

그렇다면 사람은 감정에 따라 움직이는가? 나는 그렇다고 생각한다. 사람은 감성의 동물이라는 말이 있듯이 이 미묘한 감정 변화가 사람의 감성을 자극해 행동으로 옮기게 하는 것이다. 그렇다면 이런 '감성 터치'가 앞으로의 창업 트렌드에는 어떤 영향을 미칠까? 지나가는 나그네의 외투를 벗길 미래의 따스한 햇볕이 될 수 있을까? 아무리 트렌드가 바뀐다고 해도 그것이 나와 아무 상관 없다면 무슨 소용이 있겠는가. 남태평양 외딴섬에서 한가로이 휴가를 즐기고 있다면, 지구 반대편에서 복고풍 맘보바지가 유행한들 얼마나 관심을 둘 수 있을까.

이 질문의 답을 미래학자 대니얼 핑크(Daniel H. Pink)의 얘기에서 구해보자. 그는 책 『새로운 미래가 온다(A Whole New Mind : Why Right-brainers Will Rule the Future)』에서 산업화와 정보화 시대를 거쳐 개념 감성의 시대인 '하이터치, 하이콘셉트'의 시대가 온다고 주장한다.

"'하이콘셉트'는 패턴과 기회를 감지하고, 예술적 미와 감성의 아름다움을 창조해내며, 훌륭한 이야기를 창출해내고, 언뜻 관계가 없어 보이는 아이디어를 결합해 뭔가 새로운 것을 창조해내는 능력과 관계가 있다. '하이터치'란 다른 사람과 공감하고, 미묘한 인간관계를 잘 다루며, 자신과 다른 사람의 즐거움을 잘 유도해내고, 목적과 의미를 발견해 이를 추구하는 능력과 관련이 있다."

다시 말해서 감성을 자극하는 아름다움을 통해 새로운 것을 창조해내고, 그것으로 사람들과 소통하는 일이 중요한 시대가 온다는 것이다. 구체적인 준비 사항으로 대니얼 핑크는 디자인, 스토리, 조화, 공감, 유희, 의미 이렇게 여섯 가지를 제시했다. 댄 히스(Dan Heath)와 칩 히스(Chip Heath) 형제가 '1초 만에 착 달라붙는 메시지'를 전달하는 방법 여섯 가지를 소개한 『스틱!(Made to Stick)』에서

'감성'을 지목한 것과 일맥상통한다고 볼 수 있다. 게다가 매슬로가 주장하는 육체적 배고픔을 해결하고 나면 정서나 자아실현 같은 고차원적인 욕구가 발생한다는 주장을 돌이켜보면, 이성에서 감성의 시대로 옮겨가고 있다는 가설은 일리가 있어 보인다.

가끔씩 언론에서 발표하는 미래의 직업을 봐도 그렇다. 한국고용정보원에서 분석한 미래 직업에 대한 발표를 보면, 자동화 기계로 대체할 확률이 높은 직업으로 콘크리트공, 정육 및 도축원, 제품 조립원, 청원경찰 등을 들었고, 반면 화가 및 조각가, 사진작가, 작가, 지휘자·작곡가 및 연주자 등의 직업은 자동화 기계로 대체할 확률이 낮은 직업으로 분석했다. 즉 첨단 기술과 인간적 감성이 결합한 분야가 미래의 상품이나 서비스 시장을 주도하리라는 전망이다.

결론적으로 말하자면 앞으로 다가올 가까운 미래는 무엇을 하든 '감성'을 자극하지 못하는 업종은 성공하기 힘들다는 말이기도 하다. 이렇듯 인간 본연의 감성에 충실하려는 시도는 시대가 발달할수록 더할 것이다. 한마디로 '촉'을 세워 상대방의 기분을 살피고 공감해야 성공할 수 있는 시대가 코앞에 온 것이다. 이것이 트렌드다.

창업을 준비하는 입장에서 이러한 트렌드를 고려한다면, 현실적인 문제는 어떻게 '감성 코드'를 창업 아이템에 녹여내느냐 하는 것이다. 궁극적으로 창업과 관련한 트렌드를 파악해 아이템에 접목해보자는 것이 우리의 목적이다. 그러므로 창업을 준비한다면 적어도 시대의 흐름인 트렌드의 변화가 어떻게 바뀌고 있는지, 어떻게 사업으로 접목할 수 있는지 유심히 관찰해볼 일이다. 앞서 강조했듯 창업자의 가치관이 바뀌지 않으면 행동으로 나올 수 없다. 나는 감성을 자극하기 위한 마인드 트레이닝이 필요하다고 생각한다.

∴ 집단 욕망은 가고 개인의 욕망이 온다

중년 남성의 헤어스타일은 거기서 거기다. 짧게 자른 뒷머리, 그리 길지 않은 앞머리, 귀가 보이게 깍은 옆머리, 단정하게 빗어 넘긴 2 대 8 가르마 정도다. 간혹 앞이마나 정수리 부분이 훤히 들여다보이는 대머리 증상을 보이는 이도 있다. 이렇게 보면 딱히 헤어스타일이랄 것도 없을 것 같지만, 자세히 알고 보면 이들도 다 자신만의 헤어스타일이 있다.

나는 지나치게 짧은 머리는 선호하지 않는다. 뒤통수가 납작하고 머리숱이 많지 않은 편이라 뒷머리는 짧게 치고 뒤통수는 볼륨을 살려주는 것이 좋다. 하지만 이발기로 뒷머리를 확 밀어버리는 것은 군인 머리 같아서 질색이다. 이마가 좀 넓은 편이라 앞머리는 길게 살짝 내리는 것을 좋아한다. 그리고 머리카락이 힘이 없고 가라앉는 편이라 옆머리와 정수리 부분의 윗머리는 균형을 맞춰 중간

길이로 정리하는 것을 선호한다.

하지만 나는 이러한 개인 취향을 머리 깎으러 갈 때마다 이발소나 미용실에서 일일이 다 요구하지는 않는다. 귀찮은 것도 있겠으나 남자가 뭐 그리 머리 모양에 시시콜콜 신경 쓰느냐는 소리를 듣기 싫어서다. 그래서 미용실 한 곳을 정해놓고 꾸준히 이용하며 내 스타일에 맞게 주문한다. 간혹 어쩌다가 단골 미용실이 아닌 다른 미용실을 이용하게 되면 뭔가 어색하다. 은근히 불만이고 머리를 망쳐놓은 것 같아 아내에게 묻곤 한다.

"나 이상해?"

"아니, 잘 모르겠는데 왜?"

사람들의 반응은 대체로 이렇다. 내가 선호하는 스타일의 미묘한 변화를 알아차리지 못한다. 사람들이 다른 사람의 변화에 크게 관심을 두지 않는 것도 있겠지만, 그 작은 변화라는 게 그렇게 눈에 띄게 다르지 않기 때문이기도 하다. 그렇다고 취향이 없는 것이 아니다. 분명 나만의 스타일은 있고, 그 작은 차이에 나의 만족도는 확실히 달라진다. 그래서 나는 가끔 이런 생각을 해본다.

'나한테 딱 맞는 서비스를 그냥 알아서 해주면 안 되나?'

매번 서비스를 받을 때마다 시시콜콜 요구하자니 번거롭고 그냥 참자니 마음에 흡족하지 않고, 이는 비단 헤어스타일뿐만이 아니다. 옷이나 액세서리, 화장품, 음식 같은 경우도 마찬가지다. 개인 서비스를 제공하는 업종이라면 모두 해당한다.

내가 소비자의 입장, 즉 고객의 입장일 때는 대충 넘어간다고 쳐도 공급자, 즉 경영자의 입장일 때는 얘기가 다르다. 특히 창업 아이템을 선정하고 서비스 콘셉트를 결정할 때는 매우 민감하고 중요한 부분이다. 고객 한 사람 한 사람의 개인별 취향을 파악해 그것에 맞는 세분화한 맞춤형 서비스를 제공하는 것이 사업의 성패를 좌우하기 때문이다. 고객은 말이 없다. 그저 '다음에 안 오면 되지 뭐'라고 속으로 되뇌며 조용히 퇴장할 뿐이다. 그래서 별것 아닌 것 같은 이 작은 고객의 취향 파악이 중요하다. 그러나 불행히도 우리나라 중년 남성은 이러한 작은 감정 변화에 둔감한 대표적인 부류다. 이들의 창업에 경종을 울리고 싶은 것도 그런 이유 때문이다.

그렇다면 어떻게 해야 할까? 이러한 고객의 취향 변화가 트렌드인데, 창업을 준비하면서 이를 어떻게 대비해야 할까?

커피를 예로 들어보자. 개인 취향의 변천이 드러나는 대표적인 것이 커피 문화다.

1960~1970년대로 거슬러 올라가 보자. 산업이 태동하고 외래문화가 들어오면서 사람들은 커피를 마시기 시작했다. 그때부터 다방 문화가 꽃을 피웠다. 그 시절 다방을 생각하면 떠오르는 것이 자욱한 담배 연기, 마담, 레지, 커피·설탕·프림을 2:2:2로 맞춘 다방 커피 같은 것들이다. 다방은 주로 남성이 이용하던 문화 공간이었다. 그 후 인스턴트커피가 등장하면서 사람들의 입맛도 변했다.

1999년 최초로 신촌에 스타벅스 매장이 들어서면서 본격적인 커피 문화의 전성기를 맞이한다. 커피를 일정한 장소에 앉아서 마시는 것이 아니라 들고 다니며 마시는 테이크아웃 커피가 유행하기 시작했다. 메뉴도 단출한 다방 커피에서 아메리카노, 카페라테, 카푸치노, 에스프레소, 카페모카, 더치커피 등 그 종류와 맛도 다양해졌다. 산업이 성장하며 개인 취향의 다양성을 시장에 요구하는 것이다. 커피를 선호하는 인구가 늘어나면서 이제 커피는 배추김치를 제치고 우리나라 사람이 가장 많이 먹는 음식으로 자리매김했다. 2015년 통계청 자료에 의하면 1인당 연간 커피 소비량이 484잔이라고 하니, 우리나라 성인은 하루 평균 두 잔 정도를 마시는 셈이다. 커피가 대중 속으로 파고들었다.

창업의 관점에서 본다면, 문제는 커피 산업이 성장하면서 커피 전문점 창업도 덩달아 늘고 있다는 것이다. 열 개 창업하고 열다섯 개가 폐업한다는 말이 있을 정도로 너도나도 커피 전문점을 창업한다. 커피 전문점은 이제 포화 상태다. 그래도 꾸준히 늘어난다. 커피 전문점 창업을 선호하는 사람들의 이유는 대체로 비슷하다. "편하고 깨끗해 보여서", "마진이 좋을 것 같아서"이다.

얼마 전 창업을 준비하는 40대 중년 남성을 만났다. 토목 회사에서 15년 동안 영업을 해왔는데, 퇴직 후 창업 아이템으로 작은 테이크아웃 커피 전문점을 생각한다고 했다. 하필이면 경쟁도 심한 커피 전문점을 왜 하려고 하느냐고 묻자 "특별한 이유가 있는 것은 아니고 쉬워 보이고 깨끗해 보여서"라고 답했다. 총 투자 비용은

5,000만 원 정도로 생각하고 있고, 모자라는 부분은 창업자금 대출을 받아 해결하겠다는 계획도 털어놓았다.

"15년 동안 밖으로 돌아다니는 영업을 하셨는데, 좁은 공간에서 온종일 일해야 하는 커피 전문점을 하실 수 있겠어요?"

"제가 좁은 공간에서 오래 일하는 걸 잘 못 하기는 하는데 하다 보면 적응하겠죠, 뭐."

그 중년 남성이 테이크아웃 커피 전문점을 창업하여 좁은 공간에서 하루 내내 일하는 데 잘 적응하고 있는지는 모르겠다. 한 장소를 온종일 그것도 365일 꾸준히 지킨다는 것은 생각보다 힘든 일이다. 한 가지 확실한 것은 만약 그가 커피 전문점을 창업했다면, 매일매일의 삶이 쉽지만은 않으리라는 사실이다. 이러한 무조건 따라 하기식 창업은 곤란하다.

그런가 하면 서울 성북구에서 〈볶아커피〉를 운영하는 권중근 대표는 20여 종의 산지별 커피를 로스팅해서 판매한다. 볶아커피의 주요 아이템은 신선한 커피 생두를 로스팅한 후 소분하여 판매하는 것이다. 매장에 들어서면 중형 로스터기와 대형 로스터기 두 대를 갖춘 작업실이 눈에 들어온다.

권 대표가 커피 로스팅을 하면서 절대로 고수하는 두 가지 원칙이 있다. 하나는 로스팅 전에 모든 커피를 살펴보고 손으로 결점이 있는 생두를 골라내는 핸드픽 과정을 한다는 것이고, 둘째는 하루 로스팅 시간을 오전 세 시간, 오후에 세 시간으로 제한한다는 것이

20여 종의 산지별 커피를 직접 로스팅하고 판매하는 커피 전문점 〈볶아커피〉.
생두를 엄선하고, 매일 손으로 골라내는 과정을 거쳐 커피를 좋아하는
단골 손님들의 취향을 만족시키는 것이 이곳의 전략이다.

다. 세 시간 이상 로스팅하면 후각이 마비되어 제대로 된 로스팅을 할 수 없기 때문이다.

권 대표에게도 선택의 순간이 있었다. 2009년 10년 넘게 다니던 회사를 명예퇴직하고, 제2의 인생을 살고자 선택한 것이 커피다. 생소한 분야였지만, 시장의 잠재력을 본 후 최고는 되지 못하더라도 끝까지 최선을 다하는 사업가는 되겠다는 생각으로 창업을 준비했다. 현재의 네 번째 매장에 이르기까지 우여곡절도 많았으나 지금까지 잘해오고 있다. 커피 전문점의 난립으로 운영이 어렵지 않으냐고 묻자 권 대표는 이렇게 대답했다.

"저는 스타벅스나 이디야를 비롯한 다른 커피 매장과 경쟁하지 않습니다. 오직 저의 관심은 커피를 좋아하시는 고객뿐입니다. 저는 누구나 좋아하는 최고의 커피를 만들 능력은 없지만, 제가 가진 실력 속에서 전력을 다해 나만의 커피는 만들 수 있습니다. 그렇게 최선을 다한 커피를 제공하다 보면 반드시 저만의 고객이 생깁니다. 그 뒤로는 시간과의 싸움입니다. 저만 초심을 잃지 않으면 시간이 흐르면서 고객은 늘게 되어 있으니 말입니다. 주변에 커피 매장이 얼마나 많은가는 결코 중요한 문제가 아닙니다. 오히려 커피 매장이 많은 곳을 더 선호하지요. 상권이 좋다는 뜻이기도 하니 말입니다. 저희 가게에 오시는 분의 80% 이상이 모두 단골손님이에요."

〈볶아커피〉의 권중근 대표가 추구하는 것은 전문성과 고유성이다. 인스턴트커피에 입맛이 길든 나도 〈볶아커피〉의 커피 향이 특별하다는 것을 마셔보니 알수 있었다. 타인의 흉내를 내지 않고 나만의 커피를 제공하고자 노력하면 그것을 좋아하는 고객은 반드시 늘어나게 된다. 커피 산업이 팽창하고 커피를 선호하는 인구가 증가하면서 자신에게 맞는 커피의 맛과 향을 추구하는 고객의 수도 함께 늘어난 것이다. 이런 현상은 앞으로도 계속될 것이다.

"커피 생두를 직접 로스팅해서 판매하시는데, 그러면 이 많은 커피 전문점을 상대로 원두를 로스팅해서 납품하시면 되지 않나요? 커피 시장이 커지면 사장님 납품처도 그만큼 많아지니까 수입이 더 늘어나는 거 아닌가요?"

"문제는 품질입니다. 품질을 유지하려면 가격이 싸지 않더라도 제대로 된 생두를 구매해야 하고, 하루의 로스팅 수량도 제한해야 해서 단지 싼 커피만을 공급받기 원하는 곳에는 납품하지 않습니다. 현재는 10여 군데의 커피 매장에만 공급하고 있습니다. 조금 비싸더라도 맛있는 커피를 팔겠다는 의지가 있는 곳에서만 구매하시지요. 저희 매장에서 로스팅하는 커피 대부분은 가정이나 직장에서 본인이 마시려고 구매하시는 분들께 팔립니다."

그러니까 좋은 재료를 사용해 제대로 로스팅해서 합리적인 가격을 받고 커피의 가치를 알아주는 고객에게 판매한다는 것이다. 이른바 '가성비'가 좋은 것이다. 권 대표를 보면 '장사는 이렇게 해야 하는 거구나' 싶은 생각이 든다. 그렇다. 특정 산업이 성장하면 저변 인구가 많아지고, 그럴수록 질적 깊이를 추구하는 개인도 늘어나게 마련이다. 이러한 특정 개인 고객층을 상대로 한 맞춤형 서비스가 창업 시장에서 살아남는 방법이 될 수 있다. 이것이 전국에 21만 9,000개의 커피 전문점이 난립하는 시대에, 거리마다 골목마다 몇 개씩 커피 전문점이 경쟁하는 상황에서 권중근 대표가 잘 버티는 비결이다.

린다 그래튼(Lynda Gratton)은 『일의 미래(Shift : The Future of Work is Already Here)』에서 "기업이 아닌 개인의 열망과 욕구 그리고 역량이 미래의 틀을 만들게 될 것"이라고 말했다. 그만큼 세분화된 개인의 욕구가 미래 시장을 지배하는 트렌드가 될 것이라는 의미일 게다. "모두 짜장면으로 통일!"을 외치던 획일화된 집단 욕구가 지배하던 시대는 갔다. 이제 개인의 욕구가 존중받는 시대다. 이 또한 소득 수준이 높아지면서 개인 욕구가 다양해진 결과로 볼 수 있다. 결국 앞으로의 창업 시장에서는 변화하는 개인의 미묘한 욕구를 파악하지 못하면 성공하기 힘들다는 의미다.

이럴 때 마케팅 이론을 알고 있으면 유용하게 활용할 수 있다. 이렇게 특정한 취향의 고객을 집단으로 묶어 분류하는 것을 마케팅 용어로 세그먼테이션(segmentation)이라고 한다. 세그먼테이션은 시장을 세분화하여 그 성격에 알맞은 상품을 제조하고 판매하는 활동을 말한다. 그렇게 분류한 특정 고객층을 중심으로 그들이 좋아하는 취향, 스타일, 기호 뿐만이 아니라 나이, 성별, 소득수준, 가치, 생활양식 같은 것까지도 집중 연구하여 영업 방식을 세우는 것이다. 즉 '아무나 다 와라'식의 확성기형 영업 방식에서 벗어나 '내가 좋아 찾아오는' 특정 고객의 섬세한 취향을 관찰하고 파악해 그들을 만족하게 할 개인화된 맞춤형 서비스를 제공하는 것이다. 이것이 변화하는 개인화 트렌드에 맞춰 나아가는 현명한 창업 준비다.

Chapter 4

사람들의 마음을 움직이는
1인 창업 아이템

책 읽는 문화를 파는 곳
〈이상한 나라의 헌책방〉

두 가지가 궁금했다. '이 어려운 시기에 왜 하필이면 헌책방을 창업했을까?' 또 하나는 '헌책방을 해서 먹고사는 데 지장 없나?' 였다.

서울 은평구에서 헌책방을 창업해 9년째 운영 중인 〈이상한 나라의 헌책방〉 주인장 윤성근 대표를 만났다. 윤성근 대표는 책방과 전혀 어울릴 것 같지 않은 공대 출신이다. 대학 때 전공도 IT였다. 대학 졸업 후 대기업에 입사해 회사 IT 서버 관리자로 10년을 근무했다. 어느 날 출근하려고 신발장을 열었는데 새로 사서 한두 번이나 신었을까 말까 한 신발이 스무 켤레나 있는 것을 보고 '이렇게 살다가 신발만 모으다 죽겠구나' 싶은 생각에 인생의 회의가 밀려왔다고 한다. 그 후 슬럼프에 빠져 삶의 의미를 찾아 헤매다가 아무 대책도 없이 회사를 그만두었다.

어릴 적부터 활자 중독이라 할 정도로 책을 좋아했기에 퇴사 후 책과 관련한 일을 하기로 마음먹었다. 2년 동안 출판사에서도 근무하고 헌책방에서도 1년 반 정도를 일하며 경험을 쌓았다. 그러다가 본인이 직접 헌책방을 창업하기로 마음먹고, 서울 은평구 응암동 이마트 맞은편 건물 지하에 보증금 1,000만 원에 월세 40만 원짜리 공간을 임차해 2007년 〈이상한 나라의 헌책방〉이라는 별난 상호를 내걸고 헌책방을 창업했다. 『이상한 나라의 앨리스』라는 소설을 무척 좋아했다는 윤 대표는 세계 각국의 각종 출판본을 수집할 정도로 그 소설의 열렬한 팬이다. 그래서 헌책방의 이름도 〈이상한 나라의 헌책방〉으로 지었다고 한다.

윤 대표는 그곳에서 8년을 운영하다 2015년 5월 지금의 서울 은평구 녹번동 2층 매장으로 이사했다. 헌책방은 30평 남짓 공간으로 아기자기하게 꾸며져 있다. 판매를 위한 책과 책장은 물론이요, 좋아해서 모아놓은 피규어 진열장도 있고, 제본 수업 및 책 수선을 위한 작업실과 자그마한 무대도 한편에 마련되어 있다. 사실 상권이나 입지 조건을 보면 윤 대표가 운영하는 〈이상한 나라의 헌책방〉의 위치는 좋은 자리라고 볼 수 없다. 대중교통을 이용해 접근하기도 불편하고, 가게 앞 통행 인구도 많지 않으며, 주변에 딱히 눈에 띄는 집객 시설도 없다. 게다가 2층이라 잘 보이지도 않고 접근성도 떨어진다. 일부러 찾아와야 방문할 수 있는 곳이다.

헌책방을 처음 창업할 때 망설이지 않았느냐고 물었다.

"전혀 망설이지 않았습니다. 될 거라는 확신이 있었어요. 저는 일 때문에 일본 갈 일이 많았는데, 그때 일본을 가보니까 동네에 작은 헌책방이 유행하더라고요. 한국은 일본보다 대략 10년 정도 유행이 뒤지니까 언젠간 한국에도 동네 헌책방이 뜨리라는 확신이 있었어요. 그때 보고 서점과 문화 공간의 접목이 향후 트렌드라고 예상했어요. 그때부터 본격적으로 벤치마킹을 하기 시작했죠. 헌책방을 창업하면 적어도 먹고사는 데는 지장이 없으리라고 생각했어요."

윤 대표는 일주일에 나흘만 문을 연다. 일, 월, 화 사흘은 문을 닫는다. 가게 문을 여는 날도 오후 3시에 문을 열어 오후 11시에 문을 닫는다. 참 이상한 영업 방식이다. 그렇게 장사해서 월세라도 낼 수 있을지 의문이었다.

"이마트 앞 지하 매장에서 8년을 하고 지금의 녹번동 2층으로 작년에 이사 왔어요. 월세가 점점 올라 그 정도면 2층으로 가는 것도 좋겠다 싶어 과감히 이사했지요. 올해로 책방한 지 9년째인데요, 사실 올해 매출이 최고예요. 처음 창업하고 꾸준히 매출이 올라 그럭저럭 책방 운영하고 먹고사는 데는 지장이 없습니다. 저는 돈

주인장이 읽은 책만 판매하는 헌책방 〈이상한 나라의 헌책방〉.
단순히 헌책을 사고파는 곳이 아닌 책을 좋아하는 사람들이 찾아오는 문화공간으로
자리매김한 것이 오래 영업해온 비결이다.

을 많이 버는 것은 아니지만, 빚이 없어 행복합니다."

책이 좋아 헌책방을 창업했다는 윤 대표는 책을 여덟 권이나 낸 작가이기도 하다. 인세 수입이나 종종 들어오는 강연 수입도 책방을 운영하는 데 도움이 되지만, 어쨌거나 주 수입은 헌책을 팔아서 생기는 이익이라고 한다. 일을 안 하고 쉬는 날은 무엇을 하는지 물었다.

"당연히 헌책 사러 다니죠. 한 달에 두 번 정도 헌책을 사러 갑니다. 청계천이나 그런 데로요. 일종의 헌책 도매상이죠. 그리고 시간 나면 집필하는 데 집중합니다."

〈이상한 나라의 헌책방〉에는 참고서나 자기계발서는 없다. 주로 문학, 철학, 역사, 예술 같은 인문학 관련 헌책을 판다. 특히 유럽 문학을 주로 취급한다. 이렇게 세분화된 특색 있는 문화 코드가 있으니, 그런 문학을 선호하는 고객이 주로 방문한다.

〈이상한 나라의 헌책방〉에는 몇 가지 원칙이 있다. 당연히 헌책만을 판매한다. 그리고 본인이 직접 읽은 책을 판매한다. 온라인 판매는 하지 않는다. 참고서부터 그림책까지 온갖 종류의 책을 취급하는 동네 헌책방과 비교하면 자기 색깔이 확실한 편이다. 이래저래 특이한 아이템과 운영 방식으로 입소문이나 언론을 타고 지금은 꽤 유명해졌다.

윤 대표는 서울시 서울도서관에서 주관하는 '서울·책방학교'의 강사로도 활동한다. '서울·책방학교'는 서울의 이색적인 책방과 지역성을 가지고 운영하는 작은 동네 책방의 가치를 다시 생각해보고자 하는 취지에서 시작한 서울시 행사인데, 한 번 행사를 개최할 때마다 50명 정도가 모인다고 하니 헌책방 창업에 관심 있는 사람이 생각보다 많은 것 같다.

〈이상한 나라의 헌책방〉에서는 독서 모임이나 제본 워크숍 같은 동아리 활동도 진행한다. 그뿐만이 아니라 책방 한편에 마련된 작은 무대에서는 인디밴드 공연이나 미니 음악회 같은 문화 행사도 열린다. 이러한 작은 공연은 사람을 모이게 하는 집객 효과도 있다고 한다.

〈이상한 나라의 헌책방〉은 단순히 헌책을 사고파는 공간이 아니다. 헌책방의 카테고리를 넘어선 작은 동네 문화 공간이라 할 수 있다. 앞서 나는 매슬로의 욕구 5단계를 소개했다. 먹고사는 문제가 해결되면 정서나 자아실현 같은 고차원의 욕구로 사람의 관심이 옮겨간다고 설명했다. 그 이론이 맞는다면 이곳은 향후 몇 년간 별 이상 없이 사업이 성장할 것이다. 사람들의 문화 활동에 대한 관심은 점점 커질 테니 말이다.

최근 조사만 봐도 알 수 있다. 공연장이나 전시장, 영화관 같은 문화·예술 공간을 찾는 사람이 많아지고 있다. 한국콘텐츠진흥원에서 발표한 「2013 공연 예술 실태 조사」에 따르면 2000년 이후 공연 티켓 판매액을 기준으로 공연 시장이 10년간 268.1% 증가했다. 영화 산업은 어떤가. 우리나라의 스크린 수는 1981년 423개였는데, 2000년대 들어 급증하면서 2015년에는 2,424개에 이르 렀으며 관객 수도 2억 명을 넘어섰다고 한다. 미술관 또한 1991년 131개에서 2004년 300개를 넘어 2013년 574개에 이르렀다는 통계조사가 있다. 조용히 자기만의 시간을 보내고 싶어 하는 요구가 증가하면서 도서관 수도 늘고 있다. 1992년에는 전국 도서관이 겨우 1,000개를 넘어섰는데 2013년에는 1만 3,284개로 늘어났다. 이는 정신적 문화 활동 영역이 증가하고 있다는 증거다. 이러한 성장세로 보았을 때 문화 산업은 당분간 꾸준히 성장할 것으로 보인다.

이것이 트렌드다. 사람들의 소비 형태를 바꾸어 놓는 변화. 사회, 생활, 문화에 대한 사람들의 가치관 변화에 따라 생활양식이 바뀌는 것. 〈이상한 나라의 헌책방〉은 단순히 헌책을 사고파는 중간 소매상에 그치지 않고 헌책방에 문화 코드를 접목해 동네의 작은 문화 공간으로 자리매김했다. 마치 스타벅스가 커피를 파는 것이 아니라 커피 문화를 파는 공간으로 인식되는 것처럼 말이다. 이것이 윤 대표가 9년 동안 꾸준히 성장하며 사업을 유지할 수 있어온 비결이 아닐까 싶다. 자신만의 뚜렷한 정체성을 확립하고 트렌드를 접목해 소수의 충성 고객과 소통하는 영업 방식, 자영업 무한 경쟁 시대에 살아남을 수 있는 해법이라고 생각한다.

처음 윤 대표를 만났을 때 품었던 두 가지 궁금했던 점은 해결되었다. 직접 보기 전에는 요즘같이 인터넷이 발달한 시대에 아날로그 헌책방이 사업이 되겠느냐는 다소 회의적인 생각이 들었었는데, 직접 보고 나니까 오히려 단순히 책만 파는 것이 아니라 헌책방에 문화 코드를 접목해 확장한 〈이상한 나라의 헌책방〉에게 '이래서 되는구나' 싶은 묘한 매력을 느끼게 되었다. 나도 은평구에 살고 있으니 이웃사촌의 한 사람으로서 윤 대표의 경영 방식에 공감하고 지지를 보낸다.

역시 창업의 시작은 자기가 좋아하는 일, 즉 자기 안에서 찾아야 한다. 그러나 좋아하는 일이라고 해서 모두 사업이 되는 것은 아니다. 좋아하는 일과 세상의 흐름인 트렌드를 접목하는 감각, 그리고 그 안에서 고객의 숨은 요구를 발견하여 사업으로 발전시키는 꾸준한 실행력을 갖추는 것이 어렵고도 중요한 일임을 깨달았다.

인터뷰를 마치고 나오는 길에 나도 헌책을 하나 샀다. 평소에 잘 보지 않는 문학평론집이다. 거의 새 책이나 다름없는 헌책이 5,000원이니 싼 편이다. 책을 좋아하는 독자의 한 사람으로서 우리 동네 헌책방이 성공하기를 바란다. 다음에는 작은 공연을 한번 보러 가야겠다.

느림의 삶
〈미리뽕이 꾸미는 낙산골 색동초가〉

〈미리뽕이 꾸미는 낙산골 색동초가〉의 대표 유미리 씨를 만났

광목을 주재료로 하여 배냇저고리 모양의 작은 책을 만드는 〈미리뿡이 꾸미는 낙산동 색동초가〉,
건강하고 독특한 콘셉트와 세상에서 하나뿐인 동화책을 만드는 점이 근처 주부들에게 인기를 모았다.

다. 4호선 혜화역에서 내려 대학로를 지나 마로니에소극장 뒤편으로 한참을 올라가다 보면 〈미리뽕이 꾸미는 낙산골 색동초가(이름이 길어 이후로는 〈색동초가〉라 부르기로 한다)〉라는 작고 아담한 간판을 볼 수 있다. 밖에서만 볼 때는 무엇을 하는 곳인지 선뜻 알 수가 없었다. 안으로 들어가자 광목으로 만든 작은 저고리와 장식품, 나무 그릇, 작은 액자 같은 것들이 눈에 들어왔다. 아기자기하게 꾸며진 작은 공간이 따스한 햇볕과 함께 포근하게 느껴졌다.

〈색동초가〉를 운영하는 유미리 씨는 두 가지 사업을 동시에 진행한다. 그 이름도 생소한 광목 배냇저고리 수업과 매크로바이오틱(macrobiotic) 음식 사업이다.

광목 배냇저고리는 문자 그대로 광목을 주재료로 사용하여 만든 작은 배냇저고리 모양의 태몽 이야기책이다. 그러니까 진짜 배냇저고리가 아니라 배냇저고리 모양의 작은 책이다. 세상에 하나뿐인 우리 아기의 태몽 이야기가 담긴 동화책인 셈이다. 광목에서 배어 나오는 따뜻하고 서정적인 느낌과 세상에 하나뿐인 동화책이라는 신선함이 관심을 자극했다. 처음 보는 장난감 같은 광목 동화책을 들춰보니 예쁜 손 글씨로 쓴 태몽 이야기가 사뭇 재미있다. 유해성 플라스틱 장난감에 물린 초보 부모들이 좋아할 것 같다고 생각했다. 마치 저출산 시대에 맞춤형 상품이라고나 할까.

유미리 씨는 광목 배냇저고리 수업을 진행한다. 주로 문화센터나 초등학교, 지역 도서관 같은 곳에서 주부를 상대로 광목을 이용한 태몽 배냇저고리 만들기 수업을 한다. 이런 특이한 동화책을 만들게 된 계기는 두 아들이었다. 초등학교에 다니는 두 아들을 데리고 해변으로 놀러 갔는데, 거기에서 주은 조개껍데기와 미역 줄기를 광목천에 붙이고 그 안에 추억을 적었다고 한다. 그것이 계기가 되어 광목을 이용한 동화책을 만들게 되었고, 그 후로도 짬짬이 놓지 않고 계속 작업해서 광목 동화책을 만든 지 15년째 접어들었다고 한다.

그 후 유학 사업 17년, 한옥 호텔 매니저 2년의 직장 경력을 접고, 드디어 2014년 8월 서울 종로구 동숭동에서 광목으로 우리 아기 동화책을 만드는 〈색동초가〉를 창업했다. 15년간 쓰고 만든 동화책으로 2016년에는 영국, 2017년에는 파리, 2018년에는 미국에서 전시회까지 한다고 하니 이제는 어엿한 작가 반열에 오른 셈이다. 아무리 작가라고 하지만 사업은 수입이 있어야 굴러가는 것인데 수익 구조가 궁금했다.

"처음에는 굉장히 힘들었어요. 홍보를 어떻게 해야 하는지도 모르고 비즈니스 마인드도 없었어요. 누가 광목 동화책 수업을 받겠다고 찾아오지도 않았고. 창업하고 3개월 동안 놀았어요. 그러다가 이러면 안 되겠다 싶은 생각이 들 때 우연히 방송에서 매크로바이오틱 음식을 보고 저거다 싶었어요. 그때부터 음식 연구에 몰두했어요."

매크로바이오틱이란 뿌리부터 껍질까지 음식을 통째로 먹는 조리법으로 만든 장수·건강식을 지칭하는 말이다. 식품을 인위적으로 다듬지 않고 있는 그대로 먹어야 식품에 있는 고유의 에너지를 고스란히 섭취할 수 있다는 생각을 바탕으로 한 것이다. 유미리 씨는 정식으로 음식을 배운 적은 없다. 하지만 타고난 정서와 창의적 감각 때문일까. 매크로바이오틱 음식을 개발하고 상품화해서 판매하기 시작했다.

"어려서부터 아버지 밥상을 직접 챙겨드리면, 아버지가 이런 생각을 어떻게 했느냐며 제가 만든 음식이 특이하고 맛있다고 칭찬을 많이 해주셨어요. 두부도 꼭 네모일 필요가 없다고 생각하고, 세모나 동그라미로 만들기도 했어요. 그때부터 음식에 대한 창의력을 키우고 관심을 두었던 것 같아요."

'식사를 열 접시만 팔아보자'라는 생각으로 사업장 한편에 작은 식사 공간을 만들고, SNS를 통해 홍보했다. 깨소금, 들기름, 참기름, 소금 이렇게 네 가지 양념만을 사용해 만든 음식은 웰빙 트렌드와 만나 건강식을 추구하는 사람들의 호기심을 자극했다. 건강에 관심 있는 사람이 몰리면서 자연스레 홍보가 되었다. 매장을 찾은 사람들의 관심은 광목 배냇저고리로 옮겨갔다. 사람들에게 〈색동초가〉는 특별한 건강식을 먹으면서 광목 배냇저고리를 만드는 치유의 공간으로 인식되었다. 이래저래 꿩 먹고 알 먹고, 도랑 치고 가재 잡고, 일거양득인 셈이었다. 광목으로 만든 배냇저고리는 입소문을 타고 한겨레신문, EBS, OBS 등에서도 소개될 정도로 인지도를 쌓았다.

그 무렵 유미리 씨는 사업의 새로운 전환기를 만난다. 입소문을 듣고 〈우리밀급식〉이라는 유기농 급식 업체에서 연락이 왔다. 모든 투자와 지원을 해줄 테니 메뉴 콘셉트 설정 및 개발, 인테리어 콘셉트 소품 디스플레이 등 레스토랑을 개점하는 데 전반적으로 도와줄 수 있겠느냐는 제안이었다. 처음에는 미심쩍었지만 좋은 사업이라고 생각하고 흔쾌히 수락했다. 장소는 음식의 특성에 맞게 인사동쯤으로 정했다. 작업이 진행됐다. 그렇게 해서 2015년 9월 종로구 인사동에 〈꽃, 밥에 피다〉가 오픈했다. 〈꽃, 밥에 피다〉는 유기농 식재료만을 사용한 채식 위주의 건강식을 지향하는 웰빙 레스토랑이다. 이는 유미리 씨가 개발한 매크로바이오틱 음식이 본격적으로 상품화되어 팔리기 시작하는 계기가 되었다.

유미리 씨는 화, 목, 금, 토 일주일에 나흘은 〈꽃, 밥에 피다〉에서 가게 운영을 봐주고, 나머지 사흘은 낙산골 〈색동초가〉에서 본인의 일을 한다. 이곳저곳을 오가며 바쁜 나날을 보내고 있다.

광목 동화책과 유기농 웰빙 음식은 언뜻 보기에는 서로 상관없어 보이지만, 이 둘이 유미리 씨를 만나 '감성 터치'라는 공통분모를 가지게 되었다. 이 공통분모가 사람들의 마음을 움직이고 이 공간을 다시 찾게 한다. 동화책이 단지 글자를 모아 놓은 단순한 글자의 조합이 아니듯, 유미리 씨의 음식은 이것저것 넣은 조미료의 맛으로 한 끼 적당히 때우는 편의점 음식이 아니다. 치유와 충족 그리고

유기농 식재료만으로 만든 채식 위주의 건강식을 지향하는 레스토랑 〈꽃, 밥에 피다〉

감성이 그대로 녹아 있는, 정서와 문화가 어우러진 건강 음식이다.

유미리 씨가 처음부터 유기농 음식점 개점 제안을 염두에 두고 〈색동초가〉를 창업한 것은 아닐 게다. 동화책에 감성을, 음식에 문화를 접목한 그녀의 창의적인 아이디어가 입소문을 타고 관련 기업이 새로운 사업을 제안하는 데 촉매가 되었을 것이다. 일이라는 것이 어떤 때는 예상치 못한 곳에서 풀리기도 한다. 이렇게 자기 자리에서 열심히 하다 보면 우연찮게 도와주는 이가 나타나 사업이 성장하는 것 또한 사업의 묘미 아닐까.

창업 성공의 법칙은 오히려 단순할지 모른다. 복잡한 이론이나 기술을 습득하는 것이 아니라 자기 안에서 울리는 작은 소리를 따라가다 보면 새로운 길을 만나는 것이 아닐까 생각한다. 무엇보다 나는 사업에 대해 한 가지는 확실히 알겠다. 그것은 확신컨대 자신만의 색깔을 확립하고 세상의 트렌드와 만난다면 결코 쉽게 망하지는 않는다는 사실이다.

디자인에 날개를 달다
〈디자인 간판 놀이터〉

서울신용보증재단에서는 창업자금 보증서 발급 후 사후 관리를 한다. 쉽게 말해서 창업자금 대출이 나간 지 1년 후에 사업은 잘하고 있는지, 어려운 점은 없는지, 특별히 추가로 지원할 사항은 없는지 조사하는 것이다. 사후 관리를 위해 전화 통화나 방문을 하기 전에 우선 국세청 홈페이지 휴폐업 조회 서비스를 이용해 휴폐업 여부를 알아본다. 그러면 여지없이 열 곳 중 두세 곳은 폐업했다는 사실을 알게 된다. 안타깝게도 1년도 채 되지 못하고 문을 닫는 경우다. 처음 창업할 때는 누구든 사업이 잘되어 돈도 잘 벌고, 사업도 번창하리라 기대하지만, 막상 현실은 그렇게 녹록지 않다는 사실을 곧 알게 된다. 더 심각한 문제는 시간이 지날수록 폐업률은 증가한다는 사실이다.

2015년 2월 9일 〈디자인 간판 놀이터〉의 김한림 대표를 만났다. 일명 감성 입체 간판을 만든다고 하기에 어떤 간판인지 궁금증이 일어 인터뷰를 요청했다. 한눈에도 특이하고 독특한 입체 간판이었다. 천편일률적인 사각 박스형 간판이 즐비한 거리에 알록달록 색깔이 칠해진 입체 간판은 그 자체로 행인의 눈을 확 끌어당기는 독특한 힘이 있었다.

그로부터 1년 2개월이 지난 2016년 4월 30일 김한림 대표의 〈디자인 간판 놀이터〉를 다시 찾았다. 사업이 어떻게 운영되고 있는지, 사업은 좀 성장했는지, 혹시 어려움을 겪고 폐업한 것은 아닌지 궁금했다. 시흥시 시내에서 김포시 대곶면으로 사업장을 옮긴 상태였다. 사업장을 큰 곳으로 옮긴 것을 보니 분명 확장 이전이라는 생각이 들어 일단 안심했다.

예상대로 1년 동안 사업은 더 확장되었다. 감성 입체 간판뿐만이 아니라 일반 파나플렉스(panaflex) 간판, LED 간판, 철제 간판 등 각종 간판을 두루두루 취급하면서 사업의 영역을 조금씩 넓힌 상태였다. 다양한 간판을 취급하지만, 역시 주 종목은 '감성 입체 간판'이라고 한다.

〈디자인 간판 놀이터〉에서 만든 감성 입체 간판.
사람들의 눈길을 끄는 디자인과 입체적인 조형물이 결합된 독특한 간판을 만든다.

김한림 대표는 시각디자인을 전공하여 편집 디자이너를 거쳐 미술 학원 교사, 학습지 교사로 일한 경력이 있다. 그 후로는 9년 가까이 일한 이벤트 회사를 그만두고 간판 사업을 창업했다.

"내가 간판 사업을 하게 될 줄은 꿈에도 몰랐어요. 2010년경 이벤트 회사에 다닐 때 회사와 갈등이 심했어요. 그때 하고 싶은 일을 해야겠다고 생각하면서 창업을 조심스럽게 구상하기 시작했어요."

창업하기로 마음먹은 김 대표는 회사를 그만두고 실업급여를 신청했다. 고용노동부에서 제공하는 내일배움카드를 이용하여 웹디자인 교육을 받으면서 잃어버렸던 디자인에 대한 관심을 다시 찾게 되었다. 그 후 우연한 기회에 어린이집, 유치원 등에서 사용하는 환경꾸미기용품 제작 사업에 참여하게 되었으나 몇 개월 못 가 중간 유통업자의 부도로 큰 빚만 떠안고 폐업할 위기에 처하게 되었다.

수입이 없어 이러지도 저러지도 못하던 차에 때마침 아는 지인으로부터 스티로폼을 이용한 입체 간판을 주문받게 되었다. 그것이 감성 입체 간판의 첫 작품이었다. 남아도는 스티로폼을 이용해 입체적이고 컬러풀한 간판을 디자인하고 제작, 시공까지 마쳤다. 그런데 그 간판을 내건 가게가 매출이 오르고 고객 방문이 늘어났다. 고객의 눈길을 끌고 감성을 자극한 것이다. '이걸 간판으로 쓸 수도 있구나!' 하는 생각이 들어 좀 더 적극적으로 디자인도 개발하고 홍보도 하기 시작했다.

하지만 간판 사업은 사양산업이었다. 관심이 있다고 다 사업이 되는 건 아니다. 간판 사업은 치열한 경쟁과 원가 공개 탓에 마진율이 점점 낮아지고 있는 대표적인 재미없는 사업이다. 기술력도 없는 초보가 쉽게 뛰어들 사업이 아니었다. 간판 시장에 자리 잡을 방법을 고민하던 김 대표는 그때부터 블로그를 운영하기 시작했다. 결과는 예상보다 폭발적이었다. 입소문이 나고 알려지면서 주문이 밀려 3개월 치 작업이 예약될 정도였다.

블로그의 힘이든 '감성 터치'의 효력이든 그 작은 간판 업체에 일거리가 넘쳐나니, 작업 공간도 넓혀 김포시의 한적한 곳으로 이사한 것이다. 김 대표는 창업 아이템으로 간판을 선택한 것은 잘한 일이라며, 이 분야의 발전 가능성이 무궁무진하다고 말한다.

"지금도 어떤 분은 제가 간판 만드는 일 한다고 하면, 그거 안되는 사업을 뭐하려 하느냐고 해요. 거기다 저는 여자잖아요. 그러면 여자가 그 힘든 일 어떻게 하느냐며 안됐다는 표정을 지어요."

그런데 그것은 모르는 말씀이다. 김한림 씨는 오히려 여성이라는 것이 장점으로 작용한다며, 상담할 때나 시공 나갈 때도 고객이 더 편안해하고 신뢰한다고 말한다. 김한림 대표가 말하는 〈디자인 간판 놀이터〉의 경쟁력은 단연 디자인 능력이다.

"간판은 디자인이 우선이에요. 사람의 첫인상도 처음 대면할 때 딱 3초에 결정된다고 하는데 장사도 마찬가지예요. 손님의 마음을 일단 한눈에 사로잡아야죠. 그래서 단연 가게의 얼굴이 되는 간판은 디자인이 최우선이에요. 그다음에 시공이지요. 제일 처음은 단연 눈길을 사로잡는 디자인이에요."

간판 만드는 업자가 그렇게 많은데, 왜 그 사람들은 '감성 간판'을 못 만드는지 궁금했다.

"저희 간판은 입체 조형물과 기존 간판을 결합한 디자인 조형 간판입니다. 대부분 간판을 만드는 분들은 간판만, 조형물을 만드는 분들은 조형물만 고집하죠. 그 일 오래 하신 사장님들은 대부분 기술력에만 의존하고 디자인에 약해요. 옛날에는 디자인이고 뭐고 없이 그냥 박스 간판 만들어 달아 붙이고 했거든요. 그분들은 그렇게 만드는 것이 익숙해지다 보니 디자인에 대한 개념이 없는 거죠. 거기다 저처럼 디자인하고 입체 조형물을 직접 만들어 시공까지 하는 사람은 드물어요. 그래서 제가 만드는 간판이 좀 비싸도 사람들이 기다리면서까지 찾는 것 같아요."

요컨대 김한림 대표는 일반적인 간판의 개념에서 벗어나 디자인 능력을 강화한 감성 터치로 경쟁력을 확보했다는 말인데 그럴듯하다. 거기서 한발 더 나아가 '감성 입체 간판'이라는 차별화된 독특한 기술력으로, 조금 과장해서 말하자면, 간판 업계에 센세이션을 일으켰다는 거다. 생각해보면 별거 아닌 기술인데 그 작은 차이가 엄청난 경쟁력이 된 것이다.

어찌 됐건 지금도 간판을 주문하면 3개월 이상을 기다려야 한단다. 일반 사각 간판의 가격이 180~200만 원 정도라면, '감성 입체 간판'은 300~500만 원 정도로 훨씬 높은 가격인데도 줄서서 기다리는 것을 보면 사람의 감성을 건드리는 간판이 매출 상승효과가 있기는 한가 보다.

〈디자인 간판 놀이터〉의 모든 디자인은 김 대표 본인이 직접 한다고 한다.

"제가 몸이 열 개라도 모자라요. 너무 바빠요. 그래서 제가 직접 다 디자인하기가 힘들어서 전에 디자이너 세 명을 채용해서 썼었는데, 고객이 먼저 알아보더라고요. '이거 사장님 스타일 아닌 것 같다'라며 제가 디자인한 거 맞느냐고 물어보더라고요. 그래서 힘들고 느려도 제가 다 상담하고 디자인하려고 해요."

〈디자인 간판 놀이터〉가 디자인한 중국 수제과자점 〈설화병〉의 외부 모습.
입체적인 간판과 그에 어울리는 전반적인 인테리어로 사람들의 눈길을 끈다.

김한림 대표는 기존의 시장에 새로운 제품으로 도전하는 제품 개발 전략을 시도했다. 앞으로는 사업 영역을 종합 디자인 사업으로 확장해 새로운 시장도 개척해볼 계획이라고 말한다. 그 실례로 중국 과자를 판매하는 〈설화병〉이라는 동네 작은 가게를 들 수 있다. 이곳은 간판 전면 교체, 조형물 설치, LED 채널 문자 및 전면 유리 시트지 시공 등을 통해 업소 전체를 통일된 이미지로 디자인하고 꾸미는 작업을 시도했다. 작고 영세한 점포가 큰돈 들여 인테리어를 새로 하지 않고 외부 사인물을 교체한 것만으로도 대형 프랜차이즈 못지않은 강한 인상을 남기며 고급스러움도 같이 갖게 되었다.

그렇다. 역시 디자인이다. 그래서 디자인은 단순 시공보다 한 수 위다. 대니얼 핑크가 지적한 것처럼 디자인 능력이 사람의 마음을 움직이게 하는 새로운 경쟁력으로 작용한다는 주장은 그래서 옳다. 사양산업이라고 생각했던, 힘들고 어려운 업종이라고 기피했던 간판 사업에 김한림 대표는 감성 터치의 옷을 입혀 틈새를 넓히고 확장했다.

창업은 쉽고 편한 일을 하자고 시작하는 것이 아니다. 자신의 브랜드로 세상에 홀로 서는 일이다. 창업하면서 1년 후 혹은 3년 후 폐업하리라고 예상하는 사람은 없다. 하지만 창업 현실이 말해주는 폐업 숫자의 의미는 창업에는 성공의 법칙뿐만이 아니라 실패의 원인도 함께한다는 사실이다. 그러므로 세상에 보여줄 나의 색깔은 무엇인지, 자신의 출발점은 어디인지 돌아봐야 한다. 아이템의 출발점을 자기 안에서 찾았다면 그것을 키우고 자라게 하는 것이 공부와 경험이다. 세상에 공짜로 이루어지는 일은 없다.

무조건 돈이 되는 유망 아이템은 없다. 무엇이든 자신의 기질과 세상의 흐름 사이의 균형을 찾는 것이 중요하다. 그러므로 그 일에 대한 자신의 욕망과 세상의 변화 양상에 대한 공부가 유일한 창업 성공의 지름길임을 잊지 말자.

내실 있고 실속 있는 1인 창업 아이템, 푸드트럭

"에이! 회사 다니다 잘리면 트럭에 배추나 싣고 다니며 배추 장사나 하지 뭐!"

직장 생활이 답이 안 보일 때, 조직의 답답함과 사람 간의 관계가 싫어질 때, 직장인이라면 누구나 한 번쯤 내뱉었을 법한 말이다. 그러나 배추 장수는 아무나 하나. 알고 보면 이 또한 쉽지 않은 일이다. 차량으로 이동하며 영업하는 것은 모두 불법 행위이기 때문이다. 길거리에서 종종 보는 트럭을 개조해 음식을 판매하는 행위 또한 역시 불법 영업이다. 트럭을 개조해 음식을 판매하는 일명 '푸드트럭'을 합법적으로 영업하려면 반드시 영업신고를 해야 한다.

하혁 씨가 운영하는 네 대의 푸드트럭.
적은 초기비용과 낮은 위험부담이 장점이지만
차별화된 메뉴나 치밀한 시장조사 없이는 성공하기 쉽지 않다.

하혁 씨는 서울 서초구에 있는 예술의전당 근처에서 푸드트럭 네 대를 운영한다. 2015년 겨울부터 시작해 지금까지 운영하고 있다. 문화관광부에 역제안해서 입찰에 참여하고 낙찰받아 영업을 시작했다. 주말 행사나 공연이 있을 때는 푸드트럭 한 대에서 매출이 100만 원을 넘기는 날도 있다고 하니 작은 푸드트럭이라고 무시할 게 못 된다.

하혁 씨가 처음부터 푸드트럭으로 사업을 시작할 생각은 아니었다. 미국 유학 시절 집안이 어려워져 어쩔 수 없이 귀국하게 되면서 이 일 저 일 안 해본 일이 없다고 한다. 그러다가 미국에 처음 갔을 때 보았던 푸드트럭이 기억나서 이것을 해보기로 마음먹고 주말을 이용해 장사를 시작했다고 한다. 기회가 닿아서인지 2014년 3월 푸드트럭을 이용한 식품 영업을 할 수 있도록 법안이 허용되었다. 차량을 개조해 잠실 올림픽경기장, 프로축구 구단 경기장, 뚝섬눈썰매장 등지에서 영업허가를 받고 커피트럭으로 처음 장사를 시작했다. 그것이 서울 1호 푸드트럭이었다.

모든 사업이 그렇듯 푸드트럭 창업도 장단점이 있다. 무엇보다 종업원 없이 혼자 영업할 수 있다는 것이 장점이다. 임대료가 없으므로 고정비가 덜 나가고, 따라서 투자 대비 수익률이 높은 편이다. 중고차나 새 차를 사서 500~900만 원 정도의 자동차 구조 변경 비용을 투자하면 푸드트럭을 창업할 수 있다. 초기 투자비를 고려한다면 점포형 창업 비용보다 훨씬 저렴한 편이다. 무엇보다 폐업 시

차량을 되팔 수 있다는 점에서 투자 회수율이 높다. 반면 계절 변화나 날씨에 따라 매출의 등락 폭이 심하다. 영업일 수에 제한을 받을 수도 있고, 마음대로 아무 곳에나 이동하여 영업할 수 없다는 점이 장점이자 동시에 단점이기도 하다. 또한, 기존 상권의 상인들과 마찰이 생길 수 있으므로 항상 기존 영업자를 배려해 주의를 기울여야 한다.

푸드트럭으로 영업신고를 하고 장사하는 과정도 그리 단순하지만은 않다. 합법적인 영업을 위해서는 절차와 과정을 거쳐야 한다. 절차는 크게 4단계로 나뉜다.

첫째, 영업신고증을 받아야 한다. 푸드트럭은 차량이므로 이동하면서 자기가 마음에 드는 곳에 차를 세우고 펼쳐서 영업하면 된다고 생각하기 쉬운데, 사실 그렇지 않다. 푸드트럭 창업을 희망하는 창업자가 착각하는 부분이다. 합법적으로 신고하고 푸드트럭으로 장사하려면 영업신고증을 취득한 후 지정된 장소에서만 영업할 수 있다. 영업신고 후에도 정기적인 사후 관리를 통해 영업자의 계약 내용 위반 사항 등을 점검하므로 주의해야 한다. 즉 관련 기관에서 허용한 장소에서만 영업할 수 있고 장소 이동도 통제된다.

식품위생법에 따라 그 지정된 허용 장소는 '유원 시설, 관광지, 체육 시설, 도시공원, 하천, 학교, 고속도로 졸음쉼터, 공용재산, 조례로 정하는 시설 또는 장소'라고 되어 있다. 여기에 서울시에서는 푸드트럭 활성화 방안으로 2016년에 '공공 문화시설, 공공시설,

보행자 전용 도로, 공공 기관이 주관하는 축제와 행사 장소, 규칙으로 정하는 장소' 이렇게 다섯 곳을 영업허가 지역으로 추가 지정할 계획이다. 그러니까 도서관이나 박물관, 덕수궁길, 한강축제, 밤도깨비야시장 등 국가나 지자체가 운영하는 곳에서 규정한 절차를 거친 푸드트럭만 영업을 허용하겠다는 것이다.

이렇게 법상으로 영업할 수 있는 장소를 제한하므로 아무 곳에서나 차를 세우고 영업하는 것은 불법이 되는 것이다. 따라서 합법적으로 영업신고를 하고 장사하려면, 장소가 소속된 각 관련 기관에 따라 입찰에 응찰하여 영업 계약을 체결하고 영업신고증을 발급받아야 한다. 예를 들어 푸드트럭 창업을 예정하고 있는 영업장소가 도시공원이라면 도시관리청에서, 하천이라면 하천관리청에서, 관광지나 체육 시설이라면 관할 지자체와 계약을 체결한 후 그 계약서를 제출하는 지자체 위생 담당 부서에서 영업신고증을 받을 수 있다. 그런 후에야 합법적 영업을 시작할 수 있다는 말이다.

그런데 문제는 입찰 공모 시기다. 푸드트럭 허용 지역 관할 부서에서는 푸드트럭 창업을 희망하는 사업자를 입찰 공모하는데, 그 시기와 장소가 일정하거나 주기적이지 않다. 따라서 푸드트럭을 창업할 계획이라면 관할 기관의 홈페이지 등에서 입찰 공모를 자주 확인하고 응찰하는 수밖에 없다. 예를 들어 서울 서초구청에서는 2016년 4월에 푸드트럭 영업자의 모집을 공고(서초구 공고 제 2016-506호)했는데, 그 영업장소로 서초구청, 반포천, 양재천, 문화예술

공원, 마방근린공원, 심산기념문화센터 이렇게 여섯 개 장소를 지정하고 영업자를 모집했다. 서초구청에서 정기적으로 모집 공고를 내는 것이 아니므로 수시로 관련 기관 입찰 공고를 주의 깊게 봐야 한다. 이때 입찰에 응찰하여 낙찰되면 서초구청과 영업 계약을 체결하고 영업신고증을 발급받은 후 영업을 시작할 수 있다. 영업신고를 취득할 수 있는 또 다른 방법은 이미 응찰을 통해 영업하고 있는 기존의 시설 관리 주체와 계약을 체결하고 영업하는 것이다.

둘째, 자동차를 사서 구조변경을 해야 한다. 차량은 0.5톤 라보 또는 1톤 봉고만 개조할 수 있다. 음식을 조리하는 시설이니만큼 작업 동선, 동작 범위, 공간 효율성, 하중 등을 계산하여 영업하는 데 지장 없을 정도로 내·외부 구조변경을 해야 한다. 이때 자동차 구조변경 후 교통안전공단으로부터 구조변경 검사를 받고 자동차 등록증을 발부받아야 한다.

셋째, 자동차 구조변경 시 한국가스안전공사로부터 액화석유가스 완성검사를 시행하여 가스완성검사증명서를 발급받아야 한다. 조리를 위해 불을 사용하므로 안전하고 적합한 시설을 설치해야 한다. 액화석유가스 완성검사는 지정된 서식과 함께 구조·장치변경 승인서 및 차량 도면과 시공 현황을 첨부하여 한국가스공사에 제출하면 절차가 진행된다.

넷째, 식품위생법과 관련해서는 두 가지 절차가 있다. 위생 교육과 건강검진이다. 제과점 영업으로 신청한 사업자는 (사)대한제과협회(www.bakery.or.kr)에서, 휴게 음식점으로 영업허가를 받고자 하는 이는 (사)한국휴게음식업중앙회(www.efa.or.kr)에서 주관하는 위생 교육을 여섯 시간 받으면 된다. 건강검진은 가까운 보건소·병원·의원에서 받을 수 있다. 음식물을 직접 취급하는 사업이므로 장티푸스, 폐결핵, 기타 전염성 질환 여부를 검사하는 것인데, 처음 창업할 때 신규로 받고 그 후 매년 1회씩 주기적으로 검사받으면 된다.

푸드트럭은 서울시에서도 관심을 두는 사항이다. 서울시에서는 청년 및 취약계층 일자리 창출 사업을 활성화하고자 푸드트럭 규제 혁신을 통해 푸드트럭 창업을 지원한다. 우선 앞서 소개한 대로 영업허가 지역을 다섯 곳 확대했다. 푸드트럭 사업을 활성화하고 적극적으로 지원하겠다는 의지다. 또한, 서울신용보증재단의 자영업 지원센터를 통해 푸드트럭 창업교육을 정기적으로 실시함으로써 푸드트럭 창업 희망자의 궁금증을 해소하고 성공적인 창업을 지원한다.

푸드트럭을 창업할 때는 정부 지원 창업자금을 대출할 수 있다. 대출 신청을 하려면 사업자등록증 및 영업확인서가 있어야 하며, 푸드트럭 창업교육을 이수한 후 신청할 수 있다. 대출 보증한도는 최대 5,000만 원 이내이고, 기존 창업 대출과 마찬가지로 창업 소요 자금 범위 내에서 대출 신청을 할 수 있다. 서울신용보증재단 관할 영업점에서 상담·신청할 수 있다. 또한, 일대일 컨설팅을 통한 메뉴 개발, 창업 기초 정보 설명, 자금 조달 방안 안내 등 다양한 지원을 통해 푸드트럭 창업을 지원한다(대표번호, 1577-6119).

푸드트럭은 차량 자체가 영업장이고 작업 장소이므로 겉으로 보이는 외관 디자인이 중요하다. 그 때문에 서울시에서는 푸드트럭 활성화 사업을 위해 서울형 푸드트럭 브랜드 개발을 시행하고 있다. 서울형 푸드트럭 브랜드 개발을 통해 푸드트럭이 단순 음식 가게나 생계 수단이 아닌 하나의 음식 문화로 정착할 수 있도록 다양한 디자인 라인을 개발하고 있다. 이러한 정부 지원 정책을 적절히 활용한다면 훨씬 수월하게 창업할 수 있을 것이다.

복잡한 인허가 절차를 거치고 정부 지원을 받아서 창업한다고 해서 끝이 아니다. 사업의 성공적 운영이 궁극적으로 우리가 이루고자 하는 목표다. 푸드트럭의 성공적 운영을 위해 몇 가지 요령을 살펴보면 다음과 같다.

푸드트럭도 기본적으로 음식 장사다. 따라서 차별화한 메뉴 개발은 필수다. 평범하거나 흔하게 볼 수 있는 메뉴로는 경쟁하기 힘들다. 푸드트럭에서만 볼 수 있는 간편하면서도 특별한 메뉴로 고객의 입맛을 사로잡는 것이 성공의 관건이다.

푸드트럭은 신속함이 중요하다. 손님은 몰리는 시간대에 갑자기 모여들므로 오랜 대기 시간은 고객을 잃어버리는 요소가 된다. 사전에 충분히 연습하고 식자재를 잘 준비하여 신속하면서도 정갈한 음식을 판매하는 것이 중요하다.

가격 결정 또한 신중하게 해야 한다. 특히 주변 상권의 음식 가격을 고려하여 저렴하고 실속 있는 가치를 제공하는 것이 중요하다. 또한, 푸드트럭으로 영업할 때는 주변의 편의 시설이나 집객 시설이 있는지 통행 인구의 이동 경로는 어떤지 충분히 관찰한 다음 입지를 결정하는 것이 좋다.

"푸드트럭은 일단 투자비가 많이 들어가지 않습니다. 중고차 사서 구조변경하고 장사 시작하는 데 1,500만 원 정도면 할 수 있어요. 그리고 장사가 안 되도 차를 되팔면 반은 건지거든요. 그래서 솔직히 말해서 망해도 크게 손해 보는 일은 없습니다. 그런데 이게 독이 됩니다. 사람들이 망해도 투자비는 건질 수 있다고 생각해서

서울 동대문 역사문화공원에서 영업중인 송영범 씨의 푸드트럭 〈온더웨이〉.
한 달에 250~300만 원의 매출을 올린다고 한다.

인지 열심히 안 해요. 조금만 열심히 하면 목표 지점에 도달할 수 있는데 딱 거기까지만 하더라고요."

한국푸드트럭협회장으로 있는 하혁 씨의 말이다. 투자비를 건질 수 있으므로 열심히 하지 않는다는 말이 가슴에 와 닿는다. 사업의 성공 여부는 역시 장사 기술에 달린 것이 아니다. 사업을 바라보는 시선이며 일을 대하는 자세가 중요하다.

서울 동대문역사문화공원에서 푸드트럭 영업허가를 받고 〈온더웨이(On the Way)〉라는 푸드트럭을 창업한 송영범 씨는 "내가 열심히만 하면 한 달에 250~300만 원은 가져가는 것 같다"라며, 회사를 그만두고 푸드트럭을 창업하기를 잘한 것 같다고 말한다. 자신도 처음에는 노점상이라는 고정관념을 벗어나는 데 망설여졌지만, 일단 열심히 하기로 마음먹고 시작하니 노력한 만큼의 대가가 주어지더라는 거였다.

600만 자영업자의 창업환경이 점점 더 어려워지는 시기다. 번듯한 외형보다는 실속 있고 내실 있는 창업이 오래 버티는 지름길이다. 아직은 제약도 많고 인허가 절차도 복잡하지만, 줄탁동시(啐啄同時)라는 말처럼 정부에서도 적극적인 지원 의사를 밝히고 있고, 앞으로는 이동하면서 영업할 수 있도록 법안도 바뀐다고 한다. 이를 적절히 활용하면 창업도 수월해질 것이다. 나만의 공간 이동형 푸드트럭으로 실속 있고 내실 있는 진정한 1인 기업을 창업해 인생 2막을 시작해보는 것은 어떨까.

작은 이야기를 담은 공간
〈담소〉

  날씨가 좋은 어느날 〈담소〉를 찾았다. 〈담소〉는 일종의 패브릭 수예 공방이다. 웃으며 가벼운 이야기를 나눈다는 가게 이름만큼이나 공간이 아기자기하게 꾸며져 있다. 천으로 만든 따뜻한 느낌의 소품, 손으로 직접 수놓은 자수 작품, 형형색색 비스듬히 꽂혀 순서를 기다리는 실패, 방금 누군가 작업을 마쳤을 것 같은 작업대 등이 공방 안을 꽉 채운다.

  서울 중구 약수역에 지금의 공간을 갖기까지 이은하 씨는 세 번의 확장 이전을 했다. 서울 중구의 6평짜리 작은 공간에서 수예 공방을 처음 시작한 것이 2010년이었다. 용돈이나 벌자는 생각으로 시작한 공방을 그럭저럭 잘 꾸려간 덕분에, 이 씨는 2년 후인 2012년에는 10평으로 규모를 늘려 이전할 수 있었다. 조금 힘에 부치더라도 그곳에서 열심히 한 결과로 거래처에서 한복 관련 소품이며 침구류, 의상 등 샘플 제작 작업을 의뢰하는 주문이 조금씩 들어왔다. 그때만 해도 배우기를 희망하는 수강생들에게 수예를 가르치기는 했지만, 장소가 협소하여 수업을 제대로 하기는 어려웠다. 본격적으로 수강생을 받기 시작한 것은 2016년 초 지금의 서울 중구 신당동 25평 공방으로 이전한 다음부터이다. 공간이 넉넉해서 수강생을 위한 수업 공간을 따로 분리·배치할 수 있었다. 강의 프로

패브릭 수예 공방 〈담소〉의 내부.
한복 관련 소품이나 침구류, 의상 등의 샘플 제작은 물론,
한켠에는 수강생들을 가르치는 공간도 있다.

그램도 다양화해서 자수, 홈패션, 규방 공예, 패밀리 룩 등 생활에 접목할 수 있는 아이템으로 수업을 늘렸다.

이은하 씨가 공방을 창업할 수 있었던 것은 서울중부기술교육원의 도움이 컸다. 그곳에서 패션디자인학과 1년 정규 과정을 수료하고 자격증을 취득한 것이 결정적 창업의 계기가 되었다. 대학에서 의상을 전공하고 한복 가게에서 11년간 근무한 경험이 있기는 했지만, 결혼·출산 이후 손을 놓은 지가 오래되어 자신감이 많이 떨어져 있었다. 더군다나 아무리 오래 일했다고 해도 남의 돈 받고 월급쟁이로 일하는 것과 작게나마 내 돈 투자해서 창업하는 것은 완전히 다른 세상의 일이다. 이은하 씨는 자격증 취득이 자신감도 찾아주고 할 수 있다는 의지도 북돋워주었다며, 정부 지원 제도를 이용해 교육받기를 정말 잘했다고 말한다.

서울중부기술교육원(www.jbedu.or.kr)은 서울시에서 운영하는 기술교육원 중 하나이다. 기술교육원은 중부를 포함해 동부·남부·북부 이렇게 네 곳이 있다. 교육과정은 주간 1년, 야간 6개월로 운영되는 정규 과정과 시간별로 운영하는 단기 과정이 있다. 이곳에서는 컴퓨터, 디자인, 조리, 영상 등 전문 기술을 교육해서 취업과 창업을 희망하는 이들을 돕는다. 입학 자격은 만 15세 이상으로 모집 공고일 현재 서울특별시에 주민등록이 되어 있는 서울시 거주민이면 된다. 모든 교육비와 실습비는 무료이며, 전액 서울시에서 지원한다. 우선 선발자에 한해서는 매월 소정의 훈련 수당

〈담소〉에서 만든 작품들.
한복이나 혼수용품에 국한되지 않고,
부모들이 직접 만드는 출산용품에까지 범위를 넓혔다.

도 지급한다. 무료로 전문 기술 교육도 받고 자격증도 취득할 수 있으니, 재취업이나 창업을 준비하는 중년이라면 적극적으로 이용해 볼 만하다. 자세한 사항은 서울특별시 기술교육원 홈페이지(www.stechedu.or.kr)를 참고하기 바란다.

정부에서 기술 교육을 받고 창업할 수 있었다고 해도 역시 사업을 성공으로 이끈 것은 주인장의 노력이다. 어려운 시기에 그래도 사업을 확장해서 이전할 수 있었던 비결을 물었다.

"이 업종에 손재주와 정교함이 요구되는 건 맞아요. 그런데 진짜 성공 비결은 노력 또 노력이에요. 가끔 창업을 준비하는 분들이 아이 보느라 시간이 없어서 연습 못 하겠다고 해요. 그러면 저는 아이 잘 때 아이 재워놓고 잠 줄여서 연습하라고 말해요. 저도 처음에는 일거리를 집에 싸 들고 가서 밤새 작업하고 그랬어요. 그랬더니 어느 날 조금씩 고객이 늘고 주문이 들어오더라고요."

이은하 씨의 수입 구조는 크게 네 가지다. 의복 관련 거래처로부터 주문받는 샘플 제작, 산부인과나 문화센터 등의 외부 강의, 공방 내에서 진행하는 수업, 그리고 직접 만든 제품 온라인 등으로 판매다. 이 또한 한 곳에 머무르지 않고 꾸준히 관련 분야의 기술을 배워 사업 영역을 확장하고 수입 구조를 다각화한 이 씨의 노력 덕분이다. 이은하 씨는 성공 요인으로 자기 계발을 통한 관련 분야의 접목을 강조한다.

"수예 공방으로 성공하려면 한 가지만 해서는 안 돼요. 새로운 것들을 자꾸 접목해야 해요. 저도 한복·혼수용품 하나에 머물러 있었다면 그냥 제자리걸음이었을 거예요. 그런데 유기농 제품이나 자수 같은 것도 연결해보고, 여기저기 강의 같은 것도 알아보고 했더니 영역이 넓어지더라고요. 임산부를 위한 태교 바느질도 가르쳐요. 요즘에는 저출산 시대라 출산을 앞둔 엄마들이 아기를 위한 배냇저고리, 턱받이, 손 싸개, 애착 인형 같은 출산용품을 직접 만드는 것에 관심이 많아요."

공방은 생각보다 진입 장벽이 높은 편이다. 아무나 쉽게 배워 적당히 창업할 수 있는 아이템이 아니다. 일단 적성에 맞아야 하고 기술을 익히기까지 많은 시간이 소요될 수도 있다. 그러나 진입 장벽이 높은 만큼 한번 제대로 기술을 배워 익히고 자리를 잡는다면, 혼자서도 오랫동안 운영할 수 있는 좋은 창업 아이템이다. 게다가 문화 코드를 접목한 개인의 감성 터치가 미래의 창업 트렌드라면 패브릭 수예 공방의 전망은 밝다.

무엇이든 쉽고 편하게 돈 벌 수 있다고 소문난 아이템에 사람들이 몰리는 세상이다. 그러나 세상에 그렇게 쉽게 돈 버는 아이템은 없다. 그런 아이템은 오히려 요란하게 변죽만 울리다가 희생자를 낸 다음 조용히 사그라지는 경우가 많다. 음식점이 요리만 잘한다고 성공하는 것이 아닌 것처럼 수예 공방 또한 손재주가 전부는 아니다. 한 땀 한 땀 정성스레 만들어가는 성실함과 사업의 방향을 예견하고 준비하는 지혜가 성공의 비결이라고 나는 믿는다.

보태고 더해 새로운 것을 만들다
〈에너지키친〉

생식을 하면서 몸이 가벼워지자, 무겁게 처지던 아침에도 산뜻하게 일어날 수 있었다. 오후의 짓눌리는 나른함도 없어졌다. 일하는 시간을 빼고는 바닥에 등을 붙이고 살았는데 사뿐히 활기도 되찾았다. 덩달아 살도 빠졌다. 몸의 독소가 빠지고 신진대사가 잘 되니 지긋지긋하게 따라다니던 만성피로가 사라졌다. 삶의 질이 바뀌었다. 그 길로 10년 넘게 근무하던 직장을 그만두었고, 본격적으로 건강식을 공부하고자 미국에 있는 대학으로 건너갔다. 2012년의 일이다.

서울 압구정동에서 〈에너지키친〉을 운영하는 경미니 씨의 이야기다. 원래도 건강 체질은 아니었으나 만성피로에 10년 넘게 시달렸다. 자도 자도 피곤하고 매사에 의욕이 없었다. 경미니 씨의 삶을 바꾼 건 생식, 즉 로푸드(Raw Food)였다. 생식을 접하고 나서 인생이 백팔십도 바뀌었다. 처음부터 사업에 목적이 있었던 것은 아니었으나 본인이 톡톡히 효과를 보았던 터라 생식을 제대로 공부하고 싶었다. 3년간의 담금질 시간을 보내고 2014년 서울 한남동에서 이름도 생소한 디톡스 주스바를 창업했다.

경미니 씨는 두 가지 형태로 사업을 운영한다. 하나는 디톡스 주스를 판매하는 카페 형태의 매장이다. 또 하나는 디톡스 건강 음

디톡스 건강 음료를 배우고 싶어 하는 이들을 가르치는
작업실 겸 쿠킹 스튜디오 〈에너지키친〉

〈에너지키친〉의 디톡스 주스를 판매하는 매장

료를 배워 창업하거나 메뉴를 추가하기를 원하는 사람들을 교육하는 작업실 겸 쿠킹 스튜디오다. 혼자 창업해 이 정도 규모 있게 운영하고 있으니 작지만 내실 있는 성공을 이룬 셈이다. "내가 브랜드다"라고 할 정도로 SNS를 통해 〈에너지키친〉의 경미니'가 잘 알려졌지만, 진짜 성공 요인은 따로 있었다. 기존의 것을 활용해 새로움을 추구하는 자세다. 조만간 주스바와 카페를 접목한 새로운 콘셉트의 매장을 열 준비 중이라고 한다.

〈에너지키친〉에서 수업받고 창업한 수강생이 제법 된다. 대부분 아이를 어느 정도 키워놓고 중년으로 접어드는 나이에 혼자 조그맣게 창업해 부업거리 삼아 일하고 싶어 하는 여성이다. 수업 과정 또한 어렵지 않아 일주일 정도 배우면 창업하는 데 지장은 없다.

그러나 문제는 욕심이다. 예쁘고 아담하며 음악이 흐르고 커피 향 솔솔 나는 분위기 있는 카페를 창업할 생각이라면 오산이다. 그런 분위기 좋은 카페를 이용하는 것과 매장을 직접 운영하는 것은 뻥 뚫린 해변을 스포츠카를 몰고 드라이브하는 것과 몇억짜리 고급 스포츠카를 배달하려고 짐칸에 싣고 조심조심 운전하는 것만큼이나 다르다. 장사 실전 경험을 해보면 이 일이 힘들다는 사실을 깨닫게 된다.

서울 성동구에서 〈모아주스〉를 운영하는 경미니 씨의 제자 정준경 씨에게서 이런 말을 들었다. 한 1년쯤 장사해보니 어떻게 해야 할지 알겠더라고. 월세 나가고 고정비 들어가는 거 별거 아니라고 생각했는데, 그것 때문에 문 닫을 수도 있다는것을 실감했다고 한다. 겉보기에 분위기 좋고 깨끗해 보일 것 같던 카페가 알고 보니 중노동으로 유지된다는 사실, 그래도 사람 안 쓰고 혼자 열심히 움직여 버티는 것이 장사 잘하는 요령이라는 것. 정준경 씨가 운영하는 〈모아주스〉 매출의 60% 이상은 고정 배달 고객이라고 한다. 그래서 실제로 그녀는 대로변 1층 매장을 정리하고 임대료가 저렴한 곳으로 이전하여 기존 배달 사업과 교육 사업을 병행하려고 한다. 허우대보다는 실속을 다지자는 생각이다. 설득력 있어 보인다.

인천 주안에서 〈루루아틀리에〉를 운영하는 서은혜 씨도 경미니 씨에게 메뉴 추가 수업을 받은 사람 중 한 명인데, 사업을 아주 내실 있게 운영한다는 말을 듣는다. 서은혜 씨는 주로 홈 클래스를 운영하는데 수제 청, 수제 샌드위치, 수제 도시락, 수제 건강 음료 등 직접 손으로 만든 음식이나 디저트를 가르치는 수업을 한다. 나이 들어서도 1인 기업으로 혼자 운영할 수 있는 창업 아이템을 찾다가 수제 건강 음식을 선택했다고 한다. 앞으로의 사업 전망을 묻자 서은혜 씨는 "공장화되어 가는 시대에 수제 제품이 더 뜰 것 같다"라며 이 분야는 계속 발전할 것 같다고 말했다. 그 옛날 어머니가 해주신 집밥이 그리워지는 시대인 걸 보면 이 또한 공감이 가는 얘기다.

경미니 씨는 서은혜 씨가 특별히 잘하는 수강생이라고 한다. 다들 똑같이 수업 듣고 같이 출발했는데, 어떻게 앞서갈 수 있는지 궁금했다.

"선생님께 배운 기술에 내 것을 보태고 더하며 계속 연구해서 새로운 것을 만들어냅니다."

이거구나 싶었다. 그 선생에 그 제자라고 할 수 있다. 언젠가 EBS 방송에서 전교 1등 학생의 공부 비법을 본 적이 있다. 그 비법은 고액 과외가 아닌 자기만의 노트 정리였다. 수업 시간에 배운 내용을 숙지하고 익혀 자기만의 언어로 쉽게 풀어 따로 노트에 정리해놓는다는 것이다. 자신만의 이해 방식을 자기 언어로 만드는 것, 그러면서 각각의 내용을 유기적으로 연결해 발전시키고 통합적으로 숙지해 전체를 이해하는 것이 전교 1등 비결이다. 무조건 외우고 보는 우리네 공부 방식하고는 사뭇 달라 보였다.

창업의 성공 방식도 이와 다름없다고 본다. 자기 언어로 다듬고 정리해 새로움을 추구하는 것이 공부 1등 하는 비결일 뿐만이 아니라 성공 창업의 정도이기도 하다. 다른 사람에게 배운 것에 내 생각을 보태어 남과 다른 것을 만들어내는 것, 그것이 성공 창업의 비결이라는 사실을 기억한다면 우리가 학교 다닐 때 1등은 못했지만 창업 1등은 할 수 있지 않을까.

Chapter 5

무조건 6개월은 해보고
창업하라

**일과 나와 세상의
균형점을 찾는다는 것**

　지금까지 우리는 창업 아이템 선정 방법을 알아보았다. 무엇보
다 중년의 관점에서 조심해야 할 것과 창업에 접근하는 방법을 논
했다.

　정리해보면, 우선 일에서 겉으로 드러나지 않은 민낯 그대로의
모습을 보는 것이 필요하다. 창업 전 아이템의 속성을 파악하지 못
하고 지나치게 긍정적인 시각으로만 창업을 바라본다면 창업 후 낭
패를 볼 수 있다. 그런 후 자신이 도저히 감당할 수 없을 것 같은 아
이템은 일단 후보군에서 제거해야 한다. 그렇게 남은 후보 아이템

중에 자신의 장점과 기질을 가장 잘 살릴 수 있는 일을 창업 아이템으로 고려하는 것이다.

주의해야 할 점은 창업은 세상의 흐름을 타는 일이므로 무작정 자신이 좋아하는 일을 선택하는 것은 위험한 도박이 될 수 있다는 것이다. 좋아하는 일과 그것으로 돈을 버는 일은 엄연히 다르기 때문이다. 그리고 세상의 흐름인 트렌드를 파악하여 사업에 접목하는 것으로 창업 전략을 세울 것을 앞서 강조했다. 눈여겨봐야 할 창업 트렌드로 문화, 정서, 개인화 이렇게 3가지 키워드를 제시했다. 이러한 트렌드 변화는 소득 수준이 높아지고 삶의 질적 가치를 추구하는 사람이 많아지면서 생기는 자연스러운 변화라고 할 수 있다.

여기서 중요한 것은 일과 나와 세상의 적절한 균형점이다. 이 삼각형의 트라이앵글 속에서 나의 역량을 가장 잘 발휘할 수 있고 사업에 융합할 수 있는 균형점을 찾는 것이 관건이다. 어느 한쪽으로 치우치거나 모자라지 않는 섬세한 무게 중심 말이다. 이를 찾음으로써 세상의 변화에 유연하게 대처할 수 있다. 이 균형점은 고정된 것이 아니다. 트렌드가 변함에 따라 사업환경에 맞춰 그때그때 변하고 변용되어야 한다. 때에 따라 현명한 전략을 세워 유연하게 대처하는 것이 필요한 시대다.

이를 중국 고전에서는 '중용'이라고 표현한다. 중용은 지나치거나 모자라지 아니하고 한쪽으로 치우치지 아니하며 떳떳해서 변함이 없는 상태나 정도를 말한다. 고전 인문학자 신정근은 이 중용을 다음과 같이 정의했다.

"중용이란 조금도 기울어지거나 흔들리거나 무너지지 않는 절대 안정이 아니다. 중용은 넘어져서 뒤집히지 않는 한 기우는 것을 허용하면서 묘하게 균형을 잡는 것이다. 중용은 어떤 원칙을 기계적으로 대입하는 것이 아니라 상황에 따라 조절해야 하는 것이다. ……왜냐하면 중용은 단순히 기준을 내놓는 것으로 끝나는 것이 아니라 다양한 상황에 맞추어야 하는 실천을 빼놓을 수 없기 때문이다. 중용에 따르면 사람의 세상살이는 오른쪽이나 왼쪽 중 어느 한쪽을 냉정하게 고르는 것이 아니라, 어떤 때는 오른쪽으로 어떤 때는 왼쪽으로 조금씩 기울어지면서도 중심을 잃지 않고 앞을 나아가는 것이다."(신정근, 『중용』, 사계절, 2010)

창업에도 고전의 지혜가 필요하다. 돌이켜 생각해보면 나의 사업 실패 원인도 이 균형점을 찾지 못한 것에서 시작되었다. 나는 음식에 소질이 있었고, 경험도 많았으며, 의욕과 열정도 충분했다. 이론적인 부분이 부족하다고 생각하여 경영학 공부도 많이 했다. 그러나 현실은 이론과 달랐다. 이론은 생활 속에서 실천할 수 없다면 오히려 독이 될 수도 있다. 또한 고객을 대면하고 직접 서비스하는 일은 잘하지 못했으며 오히려 회피했다. 그러다 보니 고객이 무엇을 원하는지 그 미묘한 변화를 감지하지 못했다. 게다가 세상의 흐름을 타지 못하고 무리하게 돈만을 쫓았다. 그것은 고객이 느끼는 가치 변화에 발 빠르게 대처하지 못했다는 말이다. 창업 균형점이 무너진 것이다. 한쪽으로 모자라거나 치우치거나 넘치지 않는 적당한 균형을 유지하는 것이 성공 창업의 출발점이라는 사실을 깨달았다.

그런 의미에서 창업 전 해야 할 일은 마음 다스리기다. 창업하는 데 무슨 마음까지 다스리느냐고 하겠으나 창업이 나와 고객과의 관계를 형성하고 돈의 흐름을 감지하는 일이라 그렇다. 지나치게 돈에 욕심을 내서 무리하게 사업을 밀어붙이게 되면 언젠가는 탈이 난다.

창업 전 마음을 다스리는 방법으로 해당 업종의 실전 경험을 쌓는 것을 추천한다. 멘토로 삼을 만한 창업 선배를 만나 그 일의 구체적인 어려움과 고단한 현실을 직접 듣고 실전 경험을 쌓을 수 있다면 더할 나위 없이 좋다. 음식점을 창업한다면 음식점을 운영하고 있는 사장을 직접 만나 이야기도 들어보고 실제로 음식점에서 일도 해보는 것이다. 만약 그렇게 실전 경험을 해본 후 기대했던 것과 현실 간에 지나치게 괴리가 발생한다면, 그때는 창업을 재고할 수도 있다. 이렇게 한다면 창업 실패 위험은 확실히 줄어들 것이다. 따라하기식 창업을 지르듯이 벌여놓고 "이럴 줄 몰랐다"라며 울며 폐업하는 것보다 훨씬 낫지 않겠는가?

그러면 어떻게 멘토가 되어줄 창업 선배를 만날 수 있을까? 나는 서울신용보증재단에서 진행하는 '멘토링 제도'를 이용하라고 권하고 싶다. 이런 공기업에서 진행하는 멘토링 제도를 이용하면 무료로 실전 고수를 멘토로 만날 기회를 얻게 된다. 자! 그럼 이번 장에서는 멘토링 제도를 이용해 실전 경험을 쌓는 방법을 살펴보기로 하자.

경험은 배신하지 않는다

창업을 준비한다는 김수진(가명) 씨를 만났다. 창업 아이템으로 분식 종류를 생각한다고 했다. 김 씨는 10년 넘게 서울 종로에서 의류 부자재 사업을 운영했다. 사업을 운영한 지 10년 남짓 됐던 2010년경, 경기 탓인지 매출이 떨어지고 주변 상인도 한둘씩 문을 닫는 가게가 늘어났다. 의류 제조 산업에 불황이 찾아온 것이다. 이대로는 안 되겠다 싶어 이듬해부터 창업을 계획하기 시작했다. 그동안 의류 부자재 사업을 운영해오기는 했지만, 창업은 또 다른 문제였다.

김 씨에게 점포형 창업의 어려운 점과 주의할 점 그리고 절차 등을 일러주면서 나는 서울신용보증재단에서 지원하는 멘토링 제도를 이용하기를 권유했다. 멘토링 제도는 이미 창업해서 성공적으로 사업을 운영하는 멘토 업체를 방문하여 사업 현장을 직접 체험함으로써 실전 경험과 사업 노하우를 전수받을 수 있는 제도다. 한

마디로 말해 일단 해보고 창업할 기회를 얻을 수 있는 제도다. 기본 멘토링은 이틀, 심화 멘토링은 열흘에서 길게는 한 달까지 멘토로부터 일대일로 코치를 받을 수 있다. 비용은 무료이며 서울특별시 자영업지원센터(www.seoulsbdc.or.kr. 1577-6119)에서 신청할 수 있다(자세한 내용은 홈페이지 참조).

나는 우선 멘토 리스트에서 김 씨에게 적합한 멘토를 찾았다. 종로구 부암동의 한 전통 수제 떡집과 은평구 역촌동의 대박 국수집 〈가이오국수〉를 추천했다. 두 번의 기본 멘토링 만남이 이루어졌다.

김 씨는 먼저 수제 떡집의 강효성 멘토로부터 사업 환경과 영업 노하우를 들었다. 그러나 만나본 결과 이곳은 김 씨가 준비한 투자비와 현재 여건을 고려할 때 창업 아이템으로 적당하지 않다는 결론을 내렸다.

다음으로 〈가이오국수〉의 강철 멘토를 만나 사업 전반에 대한 설명을 들었다. 국수는 김 씨가 처음 구상했던 분식류 아이템이고 창업 비용과 절차, 운영 방식 등이 적합하여 이를 창업 아이템으로 정하고 실전 레시피 전수에 들어갔다. 김 씨는 4주 동안 출퇴근하며 가이오국수의 강철 멘토로부터 집중 교육을 받았다. 서울신용보증재단에서 제공하는 4주간의 지원이 끝나고도 김 씨는 〈가이오국수〉에서 3개월을 더 일했다.

"여기서 일하다 보니까 음식점이 성공하는 데 단지 맛이 전부는 아니라는 사실을 깨달았어요. 손님으로 왔을 때 보는 것하고 직접 음식을 만들고 장사하는 것과는 많이 다르더라고요. 그리고 상권의 특성에 맞는 맛을 개발하고 고객층별로 적절하게 서비스하는 게 중요하다는 사실도 배웠어요."

김 씨는 전에도 〈가이오국수〉에 방문한 적이 있다고 했다. 점심 시간이 훌쩍 넘은 시간인데도 손님들이 줄을 서 있는 것을 보고 호기심이 들어 시식했다는 것이다.

"네 시가 넘었는데도 그 집 앞에 줄이 서 있더라고요. 그래서 이 집은 뭔가하고 들어와 먹어봤죠. 정말 맛있더라고요. 그런데 제가 이 집에 와서 이렇게 음식을 배우게 될 줄은 꿈에도 생각 못 했어요."

모든 비법 전수가 끝나고 김 씨는 2015년 1월부터 서대문구 일대에서 점포를 알아보기 시작했다. 후보 점포가 나오면 강철 멘토도 나와 점포의 위치에 대해 함께 고민하고 조언해주며 지원을 아끼지 않았다. 마침내 지하철 5호선 서대문역에 인접한 적당한 점포를 인수하여 2015년 5월 〈가이오국수〉 분점을 창업하게 되었다. 현재까지 일평균 30만 원 정도의 매출을 유지하며 안정적으로 운영하고 있다.

김 씨가 지향하는 사업 전략은 '지역 밀착형'이다. 철저하게 상권 내 고객을 연구하고 탐구하여 그들의 입맛에 모든 것을 맞춘다는 전략이다. 이러한 마케팅 전략을 LSM (Local Store Marketing, 지역

〈가이오국수〉 본점(위)과 〈가이오국수〉 서대문점(아래)
특별하지 않은 국수라는 메뉴지만 상권과 유동 인구의 특징 등을 분석해
그들의 입맛에 맞추는 전략으로 성공할 수 있었다.

점포 마케팅)이라고 한다. 상권과 유동 인구의 특징, 생활수준 등을 분석하여 그때그때 지역에 따라 다른 판매 전략을 구사하는 것이다. 예컨대 20~30대가 밀집한 곳은 강하고 매운 맛을, 중장년층을 겨냥한 곳은 전통적이고 부드러운 맛을 내는 식이다.

"국수가 서민 음식이다 보니까 가격도 싸야 하지만, 상권 내 고객 입맛에 맞춰야 하더라고요. 지역마다 입맛이 다르다는 사실을 그전에는 몰랐어요. 이런 게 다 실전에서 연습하면서 배운 비결이에요."

창업 전 실전 경험을 통한 현장 체험은 무척 중요하다. 일의 민낯을 속속들이 다 볼 수 있기 때문이다.

이미 성공 궤도에 오른 실존 인물을 만나게 되면 사람들은 생각이 달라진다. 창업 서적이나 인터넷에서 접하는 정보와는 차원이 다른 얘기를 듣게 된다. 몰랐던 창업의 현실을 알게 되고, 막연한 기대감으로 어설프게 알았던 창업을 온몸으로 맛보고 느끼며 오감으로 체험할 기회를 얻게 된다.

오랜 기간 멘토링을 진행하다 보니 내공이 높은 창업 멘토들이 이구동성으로 하는 말이 있다. 일단 무조건 최소 6개월은 그 업종에 취업해서 경험해보라는 충고다. 그러면 장사에 대한 감을 잡기 시작하고, 자신에게 맞는 업종인지 아닌지 체험으로 판단할 수 있다는 것이다.

서울 약수동에서 브랜드 빵집을 창업 준비 중이던 박미진(가명)

씨는 멘토링 참여 후 "다음 달에 창업하려고 했는데 큰일 날 뻔했다"라며 "정말 멘토 사장님을 만난 것이 행운"이라고 말했다. 서울 독산동에서 순댓국 전문점을 창업하려던 한 예비 창업자는 연희동 〈백암순대〉 홍승삼 멘토를 만나 순댓국 전문점을 운영하는 데 있어 현실적 어려움을 전해 듣고는 창업을 아예 포기하기도 했다. 방산시장에서 인쇄 수업을 받던 김동성 멘티는 "세상에 이렇게 돈 버는 방법도 있었구나"라며 사업이 굴러가는 구조와 속살 그대로의 모습을 볼 수 있어 좋았다고 했다.

두드리면 열리고 구하면 얻는다는 말이 있다. 나는 창업을 준비하는 중년에게 적극적인 자세를 요구한다. 세상에 이렇게 좋은 제도가 있나 싶을 정도로 요즘에는 좋은 제도도 많다. 구슬이 서 말이라도 꿰어야 보배가 되듯 널려 있는 정보를 그냥 내버려 둬서는 아무런 가치가 없다. 그것을 주워 꿰고 이용해야 비로소 가치가 생긴다. 그것은 오롯이 창업자의 몫이다. 누가 밥상을 차려 코앞에 가져다주지 않는다. 열심히 준비하고 적극적으로 정보를 이용하는 것이 현명한 창업 준비다. 성공 창업은 준비로 시작해서 경험으로 완성된다.

창업은 기술력만으로 되는 것이 아니다

김윤정 씨 또한 서울신용보증재단의 멘토링 제도를 이용해 창업한 사례다. 김윤정 씨는 '떡'이라는 확실한 아이템이 있었다. 알음알음으로 소개받은 지인들에게 떡을 만들어 판매할 정도로 기본 기술이 있는 상태였다. 창업을 하기는 해야겠는데 혼자 운영하려니 엄두가 나지 않아 망설이던 차에 서울신용보증재단의 멘토링 제도를 만나게 된 것이다.

나는 우선 김윤정 씨에게 맞는 멘토를 섭외했다. 그리고 〈연희떡사랑〉의 서명환 멘토와의 만남을 주선했다. 서명환 대표는 10년 동안 독학으로 떡을 배워 성공적으로 사업체를 운영하는, 전통 떡업계에서 선생님의 선생님으로 불리는 멘토다. 2015년 초여름 2회에 걸친 기본 멘토링 만남이 이뤄졌다. 곧 4주간의 심화 멘토링으로 이어졌다. 그 후로 6주를 더 수업받아 김윤정 씨는 총 10주간 전통 떡 제조 비법을 멘토로부터 전수했다. 멘토링이 끝난 후 김윤정 씨는 이렇게 말했다.

"그전에 배운 기술은 기술이 아니더라고요. 멘토 선생님이 하나부터 열까지 꼼꼼하게 개인적으로 점검해주시니까 어디서 주입식 수업을 받는 거 하고는 차원이 달랐어요. 정말 놀랐어요. 떡에 대한 제대로 된 기술을 배우고 나니까 세상이 달라 보이더라고요."

멘토링이 끝난 후 김윤정 씨는 떡 만들기에 자신감을 내비쳤다.

자신감과 각오를 새롭게 하고 2016년 초부터 창업할 점포를 본격적으로 물색하기 시작했다. 거주지하고 가까운 서울 서대문구 홍제동 근처를 알아봤다.

그런데 문제는 자금이었다. 총 투자비 3,000만 원 정도로 보증금, 권리금, 인테리어, 기계 장비까지 충당하려니 대로변의 좋은 점포는 언감생심 넘볼 수도 없었다. 물 좋고 정자 좋은 곳 없다고 권리금 없고 보증금, 월세가 저렴한 점포는 너무 구석에 들어가 있어 장사가 될 것 같지도 않았다. 반면 조금 대로변 쪽에 위치해 있으면서 사람이 좀 지나다니고 괜찮다 싶은 점포는 권리금만 해도 투자비를 훌쩍 넘겨버리는 수준이었다. 시작도 하기 전에 지치는 기분이었다. 그렇게 자리를 보러 다니기 수십 차례. 우여곡절 끝에 권리금 없고 보증금 2,000만 원에 월세 70만 원, 10평 정도 되는 점포를 계약할 수 있었다. 혼자서 운영하기에 적당한 규모였다. 시설비와 기계 장비 모두 합쳐 총 창업 비용은 5,000만 원 정도 들었다. 모자라는 비용은 서울신용보증재단의 창업자금 대출을 신청했다.

최소한의 인테리어 시설을 하고 기계 장비를 들여놓자 가게 모양새를 갖추게 되었다. 오랜 수고와 노력 끝에 마침내 2016년 4월 김윤정 씨는 〈품〉이라는 상호의 떡집을 서울 서대문구 홍제동에서 창업하게 되었다. 〈품〉은 주로 떡을 주문받아 납품하는 영업 방식으로 고급 떡과 서민형 떡의 중간쯤을 추구한다. 이른바 매스티지 마케팅(masstige marketing) 방식이다.

떡집 〈품〉.
김윤정 대표가 가진 떡을 만드는 실력과
멘토링 제도로 전수받은 기술력, 경험으로 시작할 수 있었다.

매스티지 마케팅은 품질은 고급화를 추구하면서 중산층을 겨냥하여 합리적인 가격으로 상품을 판매하는 방식이다. 지나친 고급화로 높은 가격도 아니고, 그렇다고 재래시장에서 판매하는 저렴한 절편이나 인절미 같은 대중적인 떡도 아니다. 김윤정 씨가 그동안 배운 좋은 기술을 활용해 멋진 떡을 만들어낼 수 있는 적합한 경영 방식이다. 한 가지 더 바라는 것이 있다면, 〈품〉에서 판매하는 떡에 트렌드인 감성을 입혀 고객에게 다가가는 것이다. 아마도 떡에 날개를 달 수 있으리라 생각한다.

아직은 이제 시작 단계다. 첫술에 배부를 리 없다. 개업 후 지금까지는 운영하는 데 크게 지장이 없을 정도로 매출을 유지하고 있다. 간혹 주문이 많을 때면 피곤함도 잊고 일에 열중한다고 한다. 그동안 힘들게 고생한 만큼 제대로 된 기술과 경험도 습득했으니 앞으로 사업이 계속 성장하리라 기대해본다.

김윤정 씨의 창업을 지원하고 지켜보면서 나는 창업은 기술력만으로 하는 것이 아니라는 생각을 다시 한 번 하게 되었다. 나무가 잘 자라 풍성한 열매를 맺으려면 좋은 씨앗만으로는 안 된다. 적당한 햇볕과 물, 비옥한 토양과 기후, 그리고 무엇보다 중요한 지속적인 관심과 정성이 필요하다. 이런 것들이 잘 어우러져 좋은 환경을 조성해준다면 나무는 건강하게 자라 풍성한 열매를 맺게 될 것이다. 창업도 이와 다르지 않다. 창업자의 기술은 단지 좋은 씨앗일 뿐이다. 씨앗이 잘 자라서 열매를 맺을 수 있도록 최상의 환경을 조성해주는 일이 창업에서도 중요하다. 창업의 씨앗이 잘 자랄 수 있도록 지원하는 것 중 하나가 바로 이런 정부 지원 제도다. 이용할 수 있는 좋은 정부 지원 제도를 잘 이용하는 것도 올바른 창업 준비다.

해보고 창업하기

만약 몇 개월 동안 보증금, 월세 부담 없이 공짜로 사업해보고 창업을 결정할 수 있다면 어떨까? 조금은 황당한 것 같은 이 아이디어는 실제로 소상공인시장진흥공단에서 시행하는 지원 제도다. 중소기업청 산하 소상공인시장진흥공단은 '소상공인창업아카데미'라는 타이틀로 예비 창업자를 모집하여 창업 전 창업 체험을 지원한다.

소상공인시장진흥공단에서는 성장 가능성이 큰 신사업 아이디어를 중심으로 창업을 준비 중인 예비 창업자를 선발하여 공단에서 마련해주는 점포에서 무료로 사업을 체험할 수 있게 해준다. 지원 업체로 선정되면 이론 교육뿐만이 아니라 수료 후 창업 시까지 전담 멘토도 붙여주니 여러모로 이용해볼 만한 지원 제도. 점포 현장 체험 기간은 16주로 4개월가량 된다. 장사의 진수를 맛보기에는 다소 부족한 듯싶으나, 어쨌든 무료 체험이니만큼 큰 부담 없이 사업에 참여할 수 있다. 단 눈여겨봐야 할 점은 창업을 준비하는 예비 창업 단계여야 한다는 것과 성장 가능성이 큰 신사업 아이디어여야 한다는 점이다.

신사업 아이디어란 어떤 것일까? 발상이 참신하고 현실 가능성이 큰 아이디어로 독창적인 아이템이어야 할 것이다. 예를 들면 이렇다. '아이의 성장에 맞춰 매달 책을 보내주는 사업', 'SNS를 이용한 주차 공간 확보 비즈니스', '매월 정액제로 예술품을 대여해주는 사업' 같은 것이다. 일상적으로 접하기 힘든 톡톡 튀는 아이디어로 사업화를 추진하는 아이템이다. 신청 절차는 서류 평가, 면접 평가, 최종 선발 3단계로 진행된다(자세한 내용은 소상공인시장진흥공단 홈페이지 www.semas.or.kr, 1588-5302 참조).

업사이클링 제품을 판매하는 〈벅시(BUSSY)〉를 운영 중인 김두환 씨는 소상공인창업아카데미 지원 제도를 이용하여 창업한 사례다. 김두환 씨는 대학 졸업 후 일본 무역 회사에서 5년 동안 근무하던 중 창의적인 일에 목마름을 느껴 퇴직하고 패션디자이너가 되고자 프랑스 유학을 선택했다. 업계의 특성상 근로환경이 열악하고 나이 많은 신입 사원은 채용하기를 꺼린다는 것을 익히 잘 알고 있었기에 공부를 마치고 곧바로 창업을 준비하게 되었다. 업사이클링 가방에 관심을 두고 샘플을 만들고 제품을 연구해오던 중 소상공인시장진흥공단의 창업사관학교라는 프로그램을 알게 되었고, 본인의 창업 아이템이 신사업 아이디어와 연결된다는 사실을 알고 하나씩 준비하여 신청하게 되었다.

"새로웠어요. 그런 제도가 있나 싶었어요. 그때부터 조금씩 준비하기 시작했죠. 사업계획서도 쓰고 필요 서류도 준비했어요. 제가 준비하던 업사이클링 제품과 신사업 아이디어가 맞아 선정되었고, 그 덕분에 창업 전에 직접 사업 운영을 경험해볼 기회를 얻게 되었어요."

업사이클링 제품을 판매하는 〈벅시〉.
창업 전 4개월 동안 보증금, 월세 없이 사업을 해볼 수 있도록 지원하는
소상공인시장진흥공단의 제도를 통해 창업했다.

김두환 씨는 4개월간의 점포 현장 체험 과정을 마치고 2016년 4월 서울 강남구 신사동에 매장을 열었다. 제도의 도움으로 경험을 쌓은 후 본격적으로 보증금, 월세를 치르고 본인의 사업을 시작한 것이다.

"현장 체험을 4개월 동안 하면서 배운 게 진짜 도움이 많이 됐어요. 안에 들어와서 직접 고객을 상대해보니까 밖에서 보는 것하고 정말 다르더라고요. 분명 잘 나갈 것 같은 디자인인데, 고객 반응이 썰렁할 때는 그 이유를 모르겠더라고요. 몇 달 해보고 나서야 '아! 그게 그래서 그렇구나!' 하고 감을 잡은 것 같아요."

『논어』「선진편」에는 이런 대화가 나온다.

자로가 공자에게 물었다.
"가르침을 들으면 그것을 바로 실천해야 합니까?"
공자가 대답했다.
"부모 형제가 있는데, 어떻게 가르침을 들으면 바로 그것을 실천할 수 있겠느냐?"
염유가 공자에게 물었다.
"가르침을 들으면 그것을 바로 실천해야 합니까?"
공자가 대답했다.
"그렇다. 가르침을 들으면 바로 그것을 실천해야 한다."
이 이야기를 듣고 공서화가 공자에게 물었다.

"어찌하여 같은 질문에 답을 달리 하십니까? 선생님께 그 이유를 묻고자 합니다."

공자가 이렇게 답했다.

"염유는 소극적으로 행동하는 경향이 있으므로 그를 적극적으로 나아가게 해준 것이고, 자로는 의욕이 남보다 앞서므로 그를 억제하여 한 걸음 뒤로 물러서게 한 것이다."

사람은 저마다 살고 있는 환경이 다르고 생각이 다르다. 능력과 기질과 살아온 경험치 또한 다르다. 그러므로 삶에 어떤 길이 정답이라고 말할 수 없다. 창업 또한 그렇다. 각자의 생각과 느낌과 안목이 다르므로 각자에게 맞는 아이템과 경영 방식이 다르다. 이 미묘한 다름이 큰 차이를 만든다. 현명한 사람은 그 다름을 인정하고 통찰할 줄 안다. 다름을 인정하고 받아들임으로써 자기 자신으로 출발할 수 있다.

남의 것이 좋다고 어설프게 따라 하다 실패하는 사람을 그동안 많이 봤다. 나 스스로 욕심과 돈의 뒤를 쫓아 열심히 뛰어다녀도 돌아오는 것은 피곤에 절은 일상뿐인 삶을 체험하기도 했다. 사람은 자신의 몸으로 직접 체득한 경험치만을 믿는다. 자신의 시야에 들어오지 않는 것을 보려 하지 않는다. 경직된 중년일수록 이런 현상은 더욱 심하다.

부침이 심한 세상이다. 소비 심리가 위축되고 경기가 가라앉는 저성장 시대의 중간에 우리는 정박해 있다. 이럴 때일수록 통찰의 눈으로 현명한 창업 준비를 해야 한다. 후회와 통한의 인생을 살지 않으려면, 거듭되는 반복된 실패의 전철을 밟지 않으려면, 선인이 경험한 체험을 바탕으로 지혜롭고 겸손한 자세로 나만의 창업 전략을 세워야 함을 잊지 말자.

Part 2

창업을 위한
최소한의 지식

창업은
기본적으로 상품화다

마케팅의 기본,
고객 설정은 구체적이고 명확하게

"어떻게 해야 유통시킬 수 있을까요?" 서울 을지로에서 액세서리 제조업을 창업한 박용문(가명) 씨가 판매처를 확보하기 어렵다며 하소연한 말이다. 박 씨는 15년간 다니던 직장을 그만두고 지인의 소개로 3년 전부터 액세서리 매장에서 근무하며 기술을 배워 2016년 4월 액세서리 매장을 창업했다. 작은 제조 공장도 인수하여 본격적으로 사업을 시작했다. 박 씨는 자신의 경쟁력을 디자인이라고 말한다. 거북선이나 남대문, 하회탈 같은 한국 전통 문양을 모티브로 하여 다양한 액세서리를 만든다. 박 씨는 '세상에 하나밖에 없는 디자인'이라며 자신의 제품에 자부심이 대단하다. 세밀하고 정교한 솜씨, 은을 사용하여 만든 고급스러운 재질, 전통 문양을 모티브로 했지만 진부하지 않게 패션 감각을 살린 디자인이 자못 독특해 보이는 제품들이었다. 이런 특이한 디자인 덕분에 외국인 관광객에게 인기가 좋다고 한다.

그런데 제품의 품질이나 박 씨의 의욕만큼 판매 성과가 나오지는 않았다. 열심히 잘 만들고는 있는데, 판로를 개척하는 것이 여간 힘든 게 아니라는 고민이었다. 지자체 행사나 정부 지원 등 도움받을 수 있는 곳을 열심히 찾아다니고는 있지만, 어디서부터 어떻게 시작해야 할지 막막하다고 했다. 좋은 물건을 만들면 판매는 문제없으리라고 생각했는데 시장의 현실은 그게 아니었다. 최고의 제품을 사람들이 몰라준다며 박 씨는 불만이 많다. 어떻게든 판매처를 확보하여 수익을 내는 일이 당장 박 씨가 해결해야 할 문제다.

최수혁(가명) 씨도 비슷한 경우다. 최 씨는 8자 디자인을 한다. 중국인은 숫자 8자를 좋아한다. 중국인이 8자를 좋아하는 이유는 '돈을 번다'라는 뜻의 '파차이(发财)'의 첫 자 '发(fa)'의 발음이 '八(ba)'의 발음과 비슷해서다. 풍요를 추구하는 사람들의 소망이 숫자 애호에도 담긴 것이라고 하겠다. 베이징올림픽도 2008년 8월 8일 오후 8시 8분 8초에 개최한 것을 보면 중국인의 '8자' 사랑이 각별해 보인다. 이러한 중국인의 기호를 이용해 8자 디자인의 액세서리를 만들어 팔겠다는 것이 최 씨의 아이디어였다. 최 씨는 각종

8자를 형상화한 샘플 시제품들을 보여주며 제품이 알려지기만 하면 대박이 날 것이라고 말했다. 게다가 제품이 모두 금색이었다. 중국인이 좋아하는 8자와 금색을 합쳐 놓았으니, 중국인 관광객을 상대로 판매한다면 팔리는 것은 시간문제라는 것이다. 단지 최 씨의 고민은 '어떻게'였다. 그러니까 좋은 물건을 만들 수는 있는데, 이것을 어떻게 팔아야 할지 그것을 모르겠다는 것이 그가 나에게 던진 질문이었다. 결국 이들의 고민은 모두 '어떻게 팔 것인가?'로 귀결되었다.

물건을 파는 데는 기본적인 공식이 있다. 텔레비전에서 그랜저 자동차 광고가 나올 때 가장 관심을 보이는 사람은 누구일까? 바로 어제 그랜저 자동차를 산 사람이라고 한다. 사람들은 자신의 이야기에 관심을 보인다. 아무리 좋은 메시지라도 지나치게 일반적이거나 나와 상관없는 이야기라면 마치 주례사나 교장 선생님 훈시처럼 지루하고 재미없다. 반면 심리학에서 말하는 칵테일파티효과(cocktail party effect)처럼 여러 사람이 모여 아무리 시끄럽게 이야기해도 자신이 관심 있는 이야기는 단박에 알아듣게 마련이다.

글쓰기만 봐도 그렇다. 글쓰기 학원에서 글쓰기 수업을 받다 보면 선생님이 늘 강조하는 말이 있다. 이 글이 누구에게 어떤 도움을 줄 것인지 그 독자층을 먼저 정하고 글을 쓰라는 것이다. 마치 글을 읽을 독자에게 그 사람의 관심사를 부드럽게 이야기하듯 쉽고 간략하게 글을 쓰라는 주문이다. 그렇지 않으면 자칫 자기감정에 빠져 누구에게나 듣기 좋은 교훈적인 내용으로 마무리하게 되거나 지나치게 많은 정보를 전달하고 싶은 욕심에 이것저것 너무 많은 이야기를 풀어놓아 횡설수설하는 경우가 생긴다는 것이다. 독자로서는 들은 얘기는 많은데 막상 남는 게 없다. 베스트셀러 책은 대부분 비슷한 평을 듣는다. 마치 저자가 귀에다 대고 자기 이야기를 조곤조곤 말하는 것 같다는 평이다. 그만큼 단순한 메시지를 쉽고 설득력 있게 전달한다는 말일 게다.

판매 행위 또한 이와 다르지 않다. 잘 팔리려면 우선 명확한 고객 설정이 먼저다. 내가 만든 물건을 누구에게 팔 것인가. 그 구체적인 대상을 정하는 것이다. "아무나 다 와라"라는 식으로 모든 고객 끌어안기는 곤란하다. 앞서 소개한 박용문 씨와 최수혁 씨의 첫 번째 문제도 여기에 있다고 볼 수 있다. 구체적이고 명확한 목표고객 설정이 안 되어 있었다. 단지 한국 전통을 살린 디자인이니 외국인 관광객, 중국인이 좋아하는 금색 8자 액세서리니 중국인 대상. 이런 식의 목표고객 설정은 누구나 듣기 좋은 교훈적인 이야기로 마무리하는 교장 선생님 훈시와 다를 바 없다.

가령 내가 추구하는 목표고객은 중산층 이상의 소득수준에 35~40대 초반까지의 여성으로 자신의 개성을 중시하는 생활양식을 추구하는 고객으로 설정한다면 제품 디자인 방향이나 판매처 확보에 훨씬 수월할 것이다. 그런 다음 목표고객의 이동 경로나 고객 접점의 순간을 파악하여 공략 가능한 방법으로 홍보하고 고객 서비스를 제공한다면 훨씬 현실성 있는 판매 전략이 수립될 것이다. 그러므로 물건을 잘 팔려면 고객을 세분화해 그들에게 무엇이 필요한지 목표고객의 요구를 정확히 파악하는 일이 중요하다.

이러한 행위를 마케팅 용어로 STP 전략이라고 한다. 먼저 시장을 지역, 연령, 소득수준, 생활양식 같은 몇 개의 기준을 두고 다수의 시장으로 쪼개는 것을 시장 세분화(Segmentation)이라고 한다. 그런 다음 잘게 쪼개진 여러 시장 중에서 자신의 능력과 경쟁 상황 등을 고려하여 접근할 수 있는 목표시장을 선정한다. 이것을 목표시장 설정(Targeting)이라고 한다. 목표시장을 설정했다면 그다음으로 목표고객에게 우리가 판매하는 물건을 어떻게 인식시킬 것인가를 결정하는 단계로 넘어간다. 고객의 머릿속에 자리매김하는 단계다. 이러한 마케팅 활동을 포지셔닝(Positioning)이라고 한다.

예를 들면 이렇다. 김밥집을 운영하더라고 싸고 저렴하면서도 누구나 이용할 수 있는 대중적인 김밥집으로 자리매김할 것인지, 아니면 유기농 재료를 사용하여 가격을 높게 책정하고 몸에 좋은 프리미엄 김밥집으로 인식시킬 것인지, 또는 다양성을 강조해 컬러 김밥이나 누드 김밥 등 재미 요소를 추구하는 젊은 층을 겨냥한 패션 김밥집으로 자리 잡을 것인지를 정하는 작업이다. 이러한 마케팅 전략을 기본으로 해서 제품, 가격, 유통, 홍보 방법 등 구체적인 마케팅 활동 방법을 결정하게 된다.

판매는 분명 기본 지식이 필요한 일이다. 중년창업일수록 더 그렇다. 누군가의 말처럼 대개 중년 직장인은 이제껏 길게 연결된 파이프라인 중에서 겨우 한 부분을 담당하며 일해왔다. 고객을 상대로 판매해보았거나 판매 기술을 배워본 적이 없는 경우가 많다. 회사의 판매 부서에서 일해봤을지는 몰라도 자기 돈을 투자하면서 일하지는 않는다. 자신의 전 재산을 투자하면서 일하는 것과 회사에서 주어진 업무를 처리하는 것은 다른 세상의 일이다. 창업을 준비하면서 기술을 익히는 데만 집중한 나머지 누구에게 무엇을 어떻게 팔 것인지 구체적인 사업계획을 수립하는 것은 뒷전이다.

판매도 기술이므로 학습할 수 있다. 그것이 이론이든 실전 경험이든 말이다. 모르는 길은 물어가는 것이 정석이다. 만약 당신이 창업을 준비하는 중년이라면 파는 것에 익숙해지라고 충고하고 싶다. 고객은 자신의 이야기를 듣고 싶어 한다. 내가 하고 싶은 이야기를 그들의 목소리로 들려줄 때 판매는 이루어질 것이다. 그래서 마케팅은 테크닉이다. 이 시대 중년창업자가 판매의 기술을 배워야 하는 이유다.

이미지를 소비하는 시대, 자신만의 매력을 품어라

판매 기술이란 무엇인가. 판매 기술을 익히려면 고객의 구매 습성을 알아야 한다.

사업의 대략적인 구조를 살펴보자. 사업은 크게 세 부분으로 나뉜다. 물건이든 서비스든 일단 만들어서, 그것을 판매하고, 판매한 것을 관리하는 일이다. 사업에서 어느 부분 하나 중요하지 않은 것이 없겠으나 굳이 경중을 따지자면 나는 '판매'가 가장 중요하다고 말하고 싶다. 생산과 관리는 일정한 매뉴얼이 존재한다. 이론을 공부하고 기술을 습득하면 일정 수준까지 도달할 수 있다. 그러나 판매는 다르다. 고객의 가치와 인식에 호소하는 일이기 때문이다. 고객의 마음은 그때그때 유행에 따라, 기분에 따라 수시로 변한다. 그래서 예측하기 어렵다.

나는 판매에서는 인식이 기능을 지배한다고 생각한다. 고객이 물건을 선택하는 데는 선택의 기준이 그것의 기능만은 아니라는 것이다. 오히려 고객의 감성적 가치에 호소하는 제품, 즉 좋은 이미지를 구축한 제품이 더 잘 팔린다고 생각한다. 현대인은 제품의 본질이 아니라 이미지를 소비한다고 해도 과언이 아니다. 이는 현대자본주의의 무한 경쟁 구도와 맞물려 더욱 증폭되고 있는 현상이다.

예를 들어 맛만 있으면 음식점은 잘되리라고 생각하는 경향이 있다. 하지만 맛만으로 설명이 안 되는 현상을 가끔 볼 수 있다. 유명 맛집의 음식 맛이 그렇다. 맛집으로 소문난 음식점의 음식을 포장해서 집에서 먹어보라. 거기서 먹는 그때 그 맛이 아니라는 사실을 금세 알아차리게 될 것이다. 이는 음식의 맛이 아닌 고객의 인식이 맛의 평가를 좌우하는 플러스알파가 된다는 증거다.

　마케팅 이론서에 단골로 등장하는 사례를 봐도 그렇다. 볼보자동차는 안전하고 튼튼한 차로 인식되어 있다. 그런데 진짜 볼보가 세상에서 가장 튼튼한 차일까? 다른 자동차 회사들은 볼보만큼 튼튼한 자동차를 못 만들어내는 것일까? 천연 암반수로 만들었다는 맥주는 어떤가. 지하 200m 깊이에 있는 천연 암반수로 맥주를 만들었다고 해도 과연 열처리 과정에서 그 성분이 파괴되지 않고 그대로 남아 있을까? 이른바 천연 암반수의 청정함이 맥주를 통해 그대로 전해질까? 침대는 가구가 아니라는 주장은 어떤가. 침대가 가구가 아니라면 무엇이란 말인가? 인체 공학적 설계가 들어간 가구가 그 회사 침대 하나뿐인가? 스타벅스만이 제3의 공간이라는 법이 어디 있는가? 저렴한 동네 커피 전문점은 왜 제3의 공간이 되지 못할까?

　그렇게 본다면 무언가를 판다는 것은 이제 고객의 인식을 다루는 문제다. 결국 어떤 이미지로 고객에게 다가가느냐가 판매를 좌우하게 된다. 앞서 소개한 매슬로의 욕구 5단계에서 인간의 '생리적 욕구'가 채워지면 궁극에는 고차원의 '존경의 욕구'가 표출된다는 이론만 봐도 현재 소비자는 물건 고유의 기능보다 감정적 이미지를 보고 구매를 결정한다는 쪽에 무게 중심이 실린다.

　그런데 대부분 중년창업자가 착각하는 사실이 있다. 물건만 좋으면 잘 팔리리라는 믿음이다. 물론 성능이 뒤떨어지는 물건이나 맛이 없는 음식이 잘 팔릴 리는 없다. 기본도 못 갖춘 물건은 그나마도 설 자리가 없다. 주목해야 할 점은 품질의 우수성이 곧 성공적인 판매를 보장하지는 않는다는 사실이다. 특히 경쟁이 심한 요즘 같은 자본주의 환경 아래서는 물건의 성능만으로 사업의 승부를 거는 것은 위험한 도박과 같다. 기술뿐만이 아니라 심지어 음식의 맛도 거의 평준화되어 가고 있지 않은가. 휴대전화의 기능만 보고 상품을 구입하는 사람이 얼마나 되겠는가. 이러한 논리는 자영업 시장에도 그대로 적용된다. 음식점에서 맛이 전부가 아니듯 물건의 기능이 전부가 아니라는 말이다. 일찍이 위대한 마케팅 천재 스티브 잡스는 이러한 현상을 두고 이렇게 말했다.

"기술만으로 충분하지 않다는 생각이 애플의 DNA에 자리 잡고 있습니다. 기술이 인문학과 결합했을 때 우리의 가슴을 뛰게 하는 결과를 낳는 것입니다.(It's in Apple's DNA that technology alone is not enough. It's technology married with liberal arts and the humanities that yields us the result that makes our heart sing.)"

잘 파는 방법을 한마디로 압축하여 말한다면 나는 역지사지의 지혜라고 말하고 싶다. 누군가 "마케팅이란 저절로 잘 팔리는 구조를 만드는 일"이라고 했다. 나는 이 말에 전적으로 동의한다. 잘 팔리는 구조를 만들려면 어떻게 해야 할까? 잘 팔리는 구조를 만들려면 상품이나 서비스가 매력을 품고 있어야 한다. 매력을 품는다는 것은 자신만의 색깔이 있다는 것이다. 자신만의 색깔이 확실할 때 고객에게 들려주고 싶은 이야기가 생겨난다. 그 이야기에 고객은 반응한다.

오프러스 난초는 벌이나 파리 같은 암컷의 뒤태를 닮았다고 한다. 곤충의 수컷들은 이 꽃을 암컷으로 착각하고 사랑을 나누기 위해 숨 가쁜 날갯짓으로 이 꽃 저 꽃을 분주히 날아다닌다. 하지만 이루어질 수 없는 사랑에 점점 더 화가 치민 수컷은 점점 더 꽃들 사이를 옮겨 다니며 꽃가루를 마구 흩뿌리고 다닌다. 수컷의 이러한 한바탕 애달픈 몸짓이 이어지는 동안 꽃의 가루받이가 이루어진다. 식물학자들은 이 같은 수컷의 행동을 '허위교미'라고 하며, 이 꽃을 '매춘란'이라고 부른다. 영리한 식물의 교묘한 매력이다. 움직이지 못하는 식물도 자신만의 존재감을 드러내고자 자기만의 독특한 모습으로 피어난다.

소자본, 소규모 창업이야말로 자신만의 매력을 갖는 것이 무엇보다 중요하다. 매력은 끌어당기는 힘이 있다. 상대를 끌어당기는 매력으로 그들이 원하는 이야기를 그들의 언어로 속삭이듯 들려주라. 대중을 향한 확성기형 외침이 아니라 특정인의 귀에 대고 속삭이는 부드러운 설득이어야 한다. 자신의 이야기를 들은 고객은 그 이야기에 매력을 느낄 것이다. 매력을 느낀 그들은 스스로 찾아올 것이다. 무언가를 판매한다는 것은 그러므로 다분히 인간적 통찰의 행위이며 원초적 유혹의 몸짓이다.

필요한 때에 필요한 것을 제공하는 것이
최고의 서비스다

혼자 밥 먹기는 싫다. 그런데 배고픈 건 더 싫다. 더 싫은 상황에 놓이지 않으려고 혼자 밥 먹기를 선택할 때가 종종 있다. 업무차 현장 실사를 다니다 보면 어쩔 수 없이 혼자 밥 먹는 경우가 가끔 생긴다. 그날도 그랬다.

그런 날은 12시가 되기 전 이른 점심을 먹는다. 이른 시간에 식당을 찾는 이유는 사람 많은 식당에 혼자 들어가기 싫어서다. 그렇게 혼자 밥을 먹는 날이면 대체로 맛이 있고 없고를 떠나 한가한 식당을 찾는다. 그날도 혼자 점심을 먹을 적당한 식당을 찾아 어슬렁거리다가 그냥 밥집 같은 곳이 보여 들어갔다. 된장찌개며 김치찌개 같은 백반을 파는 일반 식당이었다. 4인용 테이블이 열 개 정도 있는 규모였는데, 이미 두 테이블 정도 손님들이 앉아 있었다.

"어서 오세요. 몇 분이세요?"라는 멘트를 기대하며 가게 안으로 조심스레 들어갔다. 그런데 아무 인사도 없었다. 3초 정도 어정쩡하게 서 있자 50대 후반 정도로 보이는 남자 사장이 일어나 다가왔다. 인사는 없었다.

"혼자 왔는데요."

"아무 데나 앉으세요."

일단 아무 데나 앉았다.

"된장찌개 주세요."

음식을 주문했다. 사장은 아무 말 없이 물병을 투박하게 내려 놓더니 대꾸도 없이 가버렸다. "된장 하나!" 주방에다 대고 외친다. '점심시간 다 됐는데 혼자 와서 그런가? 빨리 먹고 나가야겠다'라고 생각하며 음식이 나오기까지 지루한 시간을 기다렸다. 조금 있자 주문한 된장찌개가 나왔다. 그래도 밑반찬이며 음식은 맛있었다.

조금 있자니 직장인으로 보이는 남녀 여덟 명이 식당 안으로 우르르 들어왔다. 어느새 조용하던 식당 안은 와자지껄해졌다. 곧이어 또 한 명의 손님이 꼬리를 물고 들어왔다. 70대로 보이는 노인이었다. 이번에도 사장의 서비스는 투박하다. 곧 바쁜 점심시간인데 두 사람이 떡 하니 테이블 하나씩 차지하고 있으니 달갑지 않을 만도 하다.

노인이 음식을 주문하자 그 테이블에도 밑반찬이 놓였다. 노인은 시장했는지 밑반찬으로 나온 계란말이를 이내 다 비웠다. 감자볶음도 주문한 육개장이 나오기 전에 다 먹었다. 그러고는 고개를 들어 두리번거리기 시작했다. 반찬을 더 달라고 할 모양이었다. 사장과 눈을 마주치려고 시도하는 듯했다. 사장 혼자 접대하는 작은 가게라 먼저 온 단체 손님들 챙기느라 사장은 신경도 안 쓰는 눈치였다. 노인은 눈치가 보였는지 눈길도 안 주는 사장을 포기하고 나머지 반찬으로 고개를 돌려서 먹던 밥을 마저 먹었다. 그 모습을 보고 있던 주방 아주머니가 주방에서 나오며 "반찬 더 드릴까요?" 하고 살갑게 묻는다. 노인은 대답 대신 고개를 한 번 끄덕였다. 노인의 빈 반찬 그릇에 계란말이와 감자볶음이 수북하게 올라갔다. 노인의 반찬 그릇을 빼곡히 채워주고 주방 아주머니는 다시 주방으로 돌아갔다.

나는 식사를 마치고 카드를 낼지 현금을 낼지 망설이다 카드를 집어 들었다. 사장은 나를 한 번 힐끗 쳐다보더니 카드를 단말기에 사정없이 내리 긁었다. "안녕히 가세요"라는 인사 대신 카드 전표를 내미는 사장을 뒤로하고 속으로 생각했다.

'저 할아버지도 빨리 먹고 나오겠지?'

파는 것에 서툰 중년 남성에게 서비스는 가끔 괄호 속으로 들어가는 단어다. 필요에 따라 있기도 하고 가끔 없어지기도 한다. 그러나 판매에서 고객 서비스는 밑줄 긋고 굵은 글씨로 새긴 언제나 도드라져 보이는 주제어다. 고객이 필요한 시기에 필요한 것을 시의적절하게 제공하는 것이 고객 만족의 기본이다. 문제는 그 정확한 타이밍을 알아보는 섬세함이다. 중년창업자가 가장 어려워하는 부분이기도 하다. 무조건 많이 주는 서비스보다 필요할 때 챙겨주는 섬세함에 고객은 감동한다.

중국의 고전 『전국책』 중 「중산책」에는 국 한 그릇과 찬밥 한 덩이로 나라를 잃고 목숨을 구한 이야기가 나온다.

옛날 중국의 전국시대에 중산(中山)의 임금이 살았다. 어느 날 임금이 사대부들을 불러 잔치를 벌였다. 이때 대부 사마자기(司馬子期)도 초청을 받았다. 초청된 사대부들은 양고깃국을 대접받았다. 그런데 양고깃국을 나눠 먹을 때 마침 사마자기에게 그 몫이 돌아가지 않았다. 사마자기는 모욕감을 느꼈다. 그 일로 사마자기는 노하여 초(楚)나라로 달려가 초왕(楚王)을 설득해 중산을 치게 하였다.

초나라의 공격으로 중산은 수세에 몰렸다. 중산왕은 목숨에 위협을 느껴 궁을 떠나 피신했다. 중산왕이 도망을 다닐 때, 어떤 두 사람이 창을 들고 그 뒤를 따르며 지켜주는 것이었다. 왕이 뒤를 돌아보며 두 사람에게 물었다.

"그대들은 어떤 자들인가?"

그들의 대답을 이러하였다.

"저희 아버지께서, 일찍이 배가 고파 죽기 직전에 왕께서 식은 밥을 내려 살려주셨습니다. 아버님이 임종하시면서 '만약 중산왕에게 무슨 일이 생기거든 죽음으로 보답하라'라고 유언하셨습니다. 그래서 임금을 위하여 목숨을 바치려고 따라나선 것입니다."

왕은 하늘을 우러러 탄식하였다.

"남에게 무엇을 베풀 때는 양이 많고 적음에 있는 것이 아니라 그 사정이 어려울 때 베푸는 것이 중요하며, 남에게 원한을 살 때는 깊고 얕음에 있는 것이 아니라 그 마음을 상하게 하는

데 있구나. 내가 한 그릇의 양고기 국물에 나라를 망치고, 한 덩이의 찬밥 때문에 목숨을 구했구나."

(유향, 「중산책」, 『전국책』, 동서문화사, 2009.)

그렇다. 고객 감동은 그 양에 있지 않고 시기적절한 타이밍에 있다. 바라지도 않는 서비스를 무조건 제공한다면 그것은 부담으로 돌아올 것이다. 반대로 기대했던 서비스를 받지 못한다면 물건의 좋고 나쁨을 떠나 고객은 다시 찾지 않을 것이다. 필요한 시기에 필요한 것을 제때 제공하는 것보다 더 좋은 고객 서비스는 없다. 이것은 섬세한 감성이 필요한 일이다. 미래는 감성이 지배한다는 말을 돌이켜본다면 섬세함 속에서 고객 만족의 답을 찾아볼 수 있지 않을까.

작은 성공의 법칙

최경순 씨는 사람 부자다. 2007년 창업 이후 지금까지 확보한 고객이 4,000명이나 되니 사람을 많이 모은 사람 부자임이 틀림없다. 서울 서대문구에 10평 남짓한, 최 씨가 운영하는 세탁편의점이 있다.

최 씨가 운영하는 세탁편의점은 배후지에 주택이 밀집한 주택가 이면도로변에 자리 잡고 있다. 소위 '항아리 상권'이라고 불리는 곳이다. 항아리 상권이란 특정 지역에 상권이 한정되어 있어 상권이 더 넓어지지는 않지만, 소비자들이 다른 지역으로 빠져나가지 않는 독립된 상권을 일컫는 말이다. 마치 하늘에서 봤을 때 상권 전체의 모양이 항아리처럼 생겼다고 해서 붙여진 이름이다. 그래서 입구는 한곳이라 그곳을 통해서만 출입할 수 있는 모양새다. 최 씨의 가게가 그런 항아리 모양의 입구쯤에 있다. 처음부터 상권 분석을 하고 그 자리를 잡은 것은 아니지만, 그곳에서 장사하다 보니 기대했던 것보다 좋은 자리였다. 운이 좋았다고 볼 수 있다.

최 씨는 아이를 돌보며 장사할 수 있는 업종을 찾다가 세탁편의점을 선택했다고 한다. 그래서 집에서 가까운 점포를 구해서 계약했다. 보증금 1,000만 원에 월세 40만 원, 이것저것 시설비며 본사 가맹비로 1,000만 원 남짓, 창업 비용으로 총 2,000만 원 조금 넘게 들었다. 성수기라고 볼 수 있는 봄철에는 월평균 순수익으로 250~300만 원 정도를 가져간다고 하니 투자 대비 손해 보는 장사는 아니다.

최 씨가 사람 부자가 된 데는 사연이 있다.

"손님들이 오셔서 같은 작업 내용을 매번 똑같이 주문하시는 거예요. 어떤 손님은 바지 다림질할 때 줄잡는 거 별로 안 좋아 하시는데 그걸 매번 말씀하시더라고요. 그래서 '아, 고객 관리 장부를 만들어야겠다' 싶더라고요. 그래 요구 사항을 고객별로 꼼꼼히 적기 시작했죠. 그때부터 회원이 조금씩 늘어나서 이만큼 됐어요. 지금은 포스를 이용해서 고객 관리를 하니까 훨씬 편해요."

이런 것을 선순환 구조라고 하던가. 고객은 일일이 말하지 않아도 자기 요구를 척척 알아서 들어주니 편하고, 업주는 익숙한 고객이 단골로 찾아주니 고맙다. 꿩 먹고 알 먹기다.

그러나 매번 좋은 일만 있는 것은 아니다. 세탁편의점도 일의 민낯은 있다. 누구나 그렇듯 사업 초기에는 실수하기 마련이다. 개인 세탁소가 아닌 체인점에 가맹하여 운영하는 세탁편의점이라 세탁물을 직접 다루지는 않는 만큼 세탁 기술이 필요 없다고는 하지만, 세탁물에 대한 기본적인 지식이 없으면 어려움을 겪는다.

"이런 경우가 있었어요. 어떤 손님이 정장을 맡겼는데 주머니 속에 휴지가 그대로 있었던 거예요. 세탁했는데도 주머니 속에 왜 휴지가 그대로 있느냐며 세탁하지도 않고 돈만 받는 거 아니냐고 막 따지더라고요. 죄송하다고 사죄하고 돈 안 받겠다고 하니까 거의 돈을 팽개치다시피 던지고 나가버리더라고요. 그때 참 속상했어요. 그런데 나중에 알고 보니까 드라이클리닝은 물세탁이 아니라 주머니 속 내용물은 손상되지 않는다고 본사에서 그러는 거예요. 그때만 해도 창업 초기라 잘 몰라서 고객 응대를 잘하지 못했거든요."

그때부터 최 씨는 곤란한 요구를 하는 고객을 상대하는 방법을 미리 적어놓았다고 한다. 이른바 '고객 관리 매뉴얼'을 만든 것이다. 그 이후로는 옷이 줄었다며 변상하라고 하는 고객도 당황하지 않고 적절히 응대했다고 한다.

세탁편의점은 동네에서 혼자 창업하기에 적합한 업종에 속한다. 특별한 기술이 필요한 것도 아니고 육체적으로 아주 힘든 일도 없다. 그래서 그런지 창업을 문의하는 손님들이 종종 있다고 한다.

"장사하다 보니까 이 업종이 여자가 혼자 하기에 적합한 업종인 것 같아요. 가끔 이거 창업 어떻게 하느냐고 물어 오시는 손님들이 있어요. 그러면 저는 창업에 필요한 거 다 알려드려요. 그러면서 이런 얘기도 꼭 해드려요. '이 업종은 고객에게 친절하게 대하고 자리 비우지 않고 착실히 하면 자기 인건비 정도는 건져간다'고요."

최 씨는 창업 후 3년쯤 지났을 때 사업 확장을 고민한 적이 있었다. 개업 이후 계속 꾸준히 매출이 오르고 장사가 잘되자 은근히 욕심이 생겨 좀 더 큰 아래쪽 대로변 가게로 옮길까 고민하다가 남편과 상의했다고 한다.

"그때 남편이 반대했어요. 남편이 그러더라고요. 욕심내지 말고 그 자리에 있으라고. 그러면서 지금 가게는 좀 올라와 있고 경사지이긴 하지만, 가게 앞에 잠깐이라도 차 한 대 정차할 자투리 공간이 있는데, 아래쪽 가게들은 가게가 좀 크긴 해도 도로변에 잠깐이라도 차를 세울 공간이 없다고요. 그런데 우리 가게 오는 손님을 가만히 보면 차를 가지고 오는 손님이 점점 늘어요. 옷이 무거워서 차를 이용해 가게를 방문하는 여성 손님도 많고요. 그 말 듣고 가게 옮기는 거 포기하고 그대로 있기로 했어요. 지금은 남편 말 듣기를 잘했다고 생각해요."

잠깐의 주차 공간은 무시할 수 없는 고객 편익이다. 그런 섬세하고 배려 깊은 작은 장점이 모여 고객을 재방문하게 한다. 창업은 생각보다 어려운 일이다. 생겼다 하면 없어지고 올라갔다 하면 언제 내려올지 모르는 부침이 심한 환경이다. 요즘 같은 어려운 시기에 성공의 정의를 내리기도 민망하다. 그저 잘 버텨주는 것만으로도 고마운 일이다. 톨스토이의 소설 『안나 카레니나』의 첫 문장이 생각난다.

"행복한 가정은 모두 엇비슷하지만, 불행한 가정은 불행한 이유가 제각각 다르다."

이 문장에서 '가정'을 '창업'으로 바꾸어놓아도 그 법칙이 맞을 듯싶다. 어느 것 하나 소홀해서는 성공하기 어려운 것이 창업의 법칙이다.

사람들이 모이는 곳, SNS

2014년 겨울 서울 방산시장에서 상인을 대상으로 SNS 무료 특강 교육을 진행한 적이 있다. 서울신용보증재단에서 주관하고 소셜마스터라는 SNS 마케팅 회사에 의뢰하여 4회에 걸쳐 교육을 진

행했다. 아는 사람은 알겠지만 방산시장은 서울 중구 주교동에 있
는 재래시장으로 인쇄 및 포장 관련 제품을 생산·제조하는 데 특
화된 전문 시장이다. 그곳에서는 10년 정도 장사 경험은 막내 수준
에 속할 정도로 몇십 년씩 장사한 오래된 터줏대감이 많은 곳이기
도 하다.

주로 카카오스토리와 블로그 기초 활용법 등을 교육했다. 아무
래도 시장에서 사업하는 상인들이다 보니 바로 사업에 활용할 수
있도록 실습 위주 실무 교육으로 진행했다. 방산시장 상인회에서
전 회원에게 교육 안내를 해주겠노라고 약속은 했지만, 가장 걱정
되는 부분이 교육생 모집이었다.

방산시장에서 진행한 SNS 특강.
방산시장에서 오래 장사를 해온 나이 많은 분들이 찾아와
교육을 받는 진풍경을 볼 수 있다.

'과연 사람들이 야간에 시작하는 교육에 올까? 그것도 생소한 SNS 교육을 받으려고 시간을 할애할까?'

준비하는 내내 이런 고민이 많았다.

그런데 막상 교육 날이 되자 교육장이 꽉 찰 정도로 사람이 몰렸다. 첫날 교육에 어림잡아 마흔 명은 왔다. 방산시장에서 잔뼈가 굵은 연세 지긋하신 사장들이 모여들었다. 돋보기를 쓰고 마디 굵은 손가락으로 스마트폰을 눌러대는 모습이 마치 다시 초등학생이 된 듯했다.

궁금증이 일었다. 이들은 왜 저 나이에, 이 늦은 시간에 익숙하지도 않은 'SNS 마케팅' 교육을 받으려고 앉아 있는 것일까? 그것도 자발적으로 말이다. 50대 후반으로 보이는 상인의 대답은 이랬다.

"옛날에는 거리에 사람이 많았어요. 그때는 손님들이 지나가다가도 막 들어와서 포장지 주문하고 그랬어요. 따로 영업할 필요가 없었죠. 서울에서는 방산시장이 제일 컸지요. 그때는 잘 찍어내기만 하면 됐어요. 그런데 지금은 일감이 많이 줄었어요. 이제는 사람들이 다 인터넷으로 가격 알아보고 여기저기 간만 보고 다녀요. 주문받기도 어렵고 싸지 않으면 당최 주문을 안 해요. 저 앞쪽 대로변에 젊은 친구들이 들어와 이 사업을 하는데, 죄다 인터넷인가 뭔가로 영업해서 일거리 다 가져가고 그러더라고요. 그래서 이제는 도저히 안 되겠다 싶어 나도 이거 배워서 영업하려고요."

그러니까 말인즉 효율적인 영업 활동을 위해 어쩔 수 없이 SNS

마케팅을 배운다는 대답이다. 세상이 변하기는 변했다는 생각도 들었고, 점점 장사하기 힘들어진다는 생각도 했다. 연세 지긋하신 사장들이 밤늦게까지 침침한 눈으로 휴대전화 들여다보며 열심히 수업했던 결과는 어땠을까? 사뭇 고무적이었다. SNS 마케팅의 장점 중 하나는 전국구 홍보를 할 수 있다는 점이다. 교육을 마치고 배운 대로 열심히 SNS 활동을 한 덕분에 방산시장의 몇몇 업체에서는 포장지를 소규모로 주문하기를 희망하는 고객으로부터 간간이 주문이 들어온다는 것이었다. 작기는 하지만, 자신의 노력으로 온라인이라는 새로운 시장을 개척했으니 성과는 있었던 셈이다.

이렇듯 최근에는 SNS 마케팅을 통해 성과를 내는 사람이 많아지면서 SNS가 다양한 홍보용 도구로 사용되고 있다. 블로그, 트위터, 페이스북, 인스타그램 등 SNS 종류도 다양하다. 인터넷과 모바일 스마트폰 사용자가 늘어나면서 온라인이라는 새로운 장터가 점점 커지는 현상은 어제오늘의 이야기가 아니다. KT연구소는 스마트폰으로 물건을 사는 모바일 쇼핑족이 1,100만 명에 이른다고 발표했다. 이는 우리나라 스마트폰 사용자 세 명 중 한 명이 모바일로 물건을 사는 셈이다. 이러한 모바일 쇼핑의 증가 추세에 발맞추려면 SNS를 활용한 마케팅 활동을 준비해야 한다.

'인터넷을 하면 매출이 오른다는데 나도 해야 하나?'

장사하면서 이런 고민 안 해본 사람이 없을 것이다. 특히 SNS에 익숙하지 않은 중년창업자는 더 불안하다.

어떻게 보면 장사의 기본은 단순하다. 저잣거리에서 좌판 장사를 하든 온라인에서 전자상거래 장사를 하든 장사란 무릇 사람이 모이는 곳에서 해야 돈을 버는 법이다. 점포형 창업에서 상권을 보고 입지를 분석하고 통행 인구를 조사하는 이유도 따지고 보면 얼마나 내 가게를 사람들한테 노출할 수 있느냐 하는 데 목적이 있지 않은가. SNS 홍보도 마찬가지다. 사람을 끌어모으기 위해서다. 나의 신변잡기나 맛집 투어를 사람들한테 공개하고자 SNS를 열심히 하는 것은 아니다. 결국 SNS 활동의 목적은 우리가 그런 활동을 함으로써 방문자 수를 늘리고 매출을 올려보자는 데 있다.

그런데 무턱대고 SNS에 상품을 선전한다면 사람들이 구름처럼 모여들까? 과연 내가 어디 가서 무엇을 먹고 다니는지 사람들이 궁금해할까? 무조건 싸게만 판다고 사람들이 관심을 보일까? 그러기에는 이미 온라인 시장도 전단으로 도배가 되어 있는 세상이다. 전단 돌리듯이 SNS 활동을 해서는 웬만해선 고객의 눈길은 잡을 수 없다. 어떻게 해야 할까? SNS 마케팅을 통해 사람을 모으는 데는 몇 가지 요령이 있다.

달라진 상권,
온라인 고객을 잡아라

SNS 마케팅 학원에 다닐 때의 일이다. 책을 보고 독학하는 것에 한계를 느껴 큰맘 먹고 SNS 학원에 등록했다. 3개월 과정이었는데, 이왕 하는 거 기초부터 배우자는 생각으로 기초반에 등록했다. 저녁반 교실에 열 명 남짓 사람이 모였다. 사람은 아는 만큼 보인다고 그때만 해도 내가 SNS에 대한 지식이 없으니까 '이거 해서 되겠어? 괜히 학원비만 날리고 시간만 버리는 거 아니야?'라는 의심이 들었던 게 사실이었다.

그런 마음을 품고 SNS 마케팅 교육 과정을 등록하고 몇 번 수업이 진행됐을 무렵 같이 공부하는 사람들한테 궁금증이 생겼다. 같이 공부하는 사람 중 일부는 블로그며 페이스북, 카카오스토리 같은 SNS 도구를 잘 다루는 것이었다. '아니, 이게 기초반이 맞는데, 이런 거 잘 몰라서 기초부터 배우려고 오는 거 아닌가? 저들은 이미 다 아는 것 같은데 왜 돈 내고 배우러 오는 걸까?'라는 궁금증이 일었다. 넌지시 학원 선생님께 물었다.

"아니, 저 사람들은 모두 잘하는데 왜 돈 내고 학원 다녀요?"

학원 선생님께 들은 대답은 놀라웠다. 모두 SNS 마케팅을 하고 나서 매출이 급성장한 사람들이라는 것이다. 매킨토시 노트북을 전문으로 수리하는 이는 거의 사업을 접을 정도로 어려웠는데 블로그 마케팅을 통해서 다시 살아났다고 했다. 종로에서 귀금속을 취급하는 이는 전체 매출의 60% 정도가 SNS 마케팅을 통해 주문이 들어온다며 자기도 효과가 이 정도일 줄은 몰랐다고 고백했다. 온라인 쇼핑몰과 블로그를 통해 여성용 액세서리와 가방 등을 판매하는 이는 오프라인 매장 없이 온라인 장터에서만 판매하니 고정비가 거의 들지 않는다며, 온라인 판매가 잘만 하면 마진이 많이 남는 장사라고 했다. 일산에서 족발집을 운영하는 이는 블로그 하루 방문자 수가 1,000명에서 많게는 2,000명 정도까지 된다며 이게 자기 재산이라고 했다.

그들은 모두 SNS 다루는 솜씨가 수준급인데도 계속 학원에 등록하고 다니는 것을 보면 거짓말은 아닌 것 같았다. 그러니까 그들은 어느 정도 SNS를 다룰 줄 아는데도 계속해서 새로운 지식을 습득하고 온라인 활동 영역을 넓히고자 학원에 다닌다는 말이었다. 온라인 판매의 '촉'을 잃지 않기 위해서였다. 이거구나 싶었다.

나도 할 수 있겠다는 확신을 품고 3개월 넘게 학원에 다니며 테크닉을 익혔다. 그러나 기본을 익혔다고 실전에 응용할 수 있는 내공이 쌓이는 것은 아니다. 게다가 이 또한 꾸준히 열심히 해야 성과가 나는 작업인지라 SNS 활동을 생업 차원에서 하지 않는 나는 좀 지치는 감이 있었다. 그때 60대의 나이에도 SNS 마케팅으로 성과를 내고 있다는 문한성 대표를 알게 되었다. SNS는 모두 젊은 사람만 하는 줄 알았다. 이 또한 나의 고정관념이었다.

60대라는 늦은 나이에 블로그와 SNS를 배워 온라인 고객 유치에 성공한
〈행복한 부동산〉의 문한성 대표와 그가 운영하는 블로그.

문한성 대표는 서울 잠실에서 공인중개사 사무실을 운영한다. 과거 교사 생활을 했다는 문 대표는 모든 일에 열정적이다. 어디를 가든 무엇을 먹든 SNS에 올리려고 카메라부터 들이댄다. 문 대표를 보니 음식점에 가면 음식이 나오는 순간 젓가락부터 들이대는 나는 아직 진정한 블로거가 되려면 한참 멀었구나 싶다. 문 대표는 블로그, 카카오스토리, 페이스북, 인스타그램 등 웬만한 SNS 도구는 거의 모두 섭렵했다. 적은 나이도 아닌데 어떻게 그렇게 열심히 할 수 있는지 물었다. 문 대표의 답은 간단했다.

"매일매일 습관화하면 됩니다."

문 대표의 SNS 마케팅 시작은 블로그였다. 블로그 마케팅이 효과가 있다는 소리를 어디서 듣고 처음에는 그 업무를 맡아서 할 전담 직원을 채용해서 블로그를 운영했다고 한다. 사업 운영 초기에는 잘되는 듯싶었으나 점점 시간이 지나면서 관리에 문제가 생기기 시작했다. 젊은 직원들은 문 대표에게 알아듣지도 못하는 어려운 용어로 블로그 작업 과정을 설명했다. 온라인 단어에 익숙지 않은 문 대표는 그저 직원들이 설명하는 대로 몰라도 이해하고 받아들이는 수밖에 없었다. 몰라서 침묵해야 하는 답답한 상황에 스트레스가 점점 밀려왔다.

그런 생활을 어느 정도 지속하자 이대로는 안 되겠다 싶어 본인이 직접 블로그를 배우기로 마음먹고 학원에 등록했다. 나이와 체력이 부담스럽기는 했지만, 그래도 큰 결심 하고 열심히 학원에 다녀 하나씩 배워나가기 시작했다. 그렇게 일주일에 한 번 두 시간씩 3개월간 블로그 수업을 들었다. 남들보다 두 배의 노력이 필요했다. 수업을 통해 블로그 마케팅 전체의 흐름을 파악하여 어떻게 하면 매출로 연결되고, 어떻게 하면 고객 접점을 만들 수 있는지 그 방법을 터득하기 시작했다.

문 대표는 적어도 하루에 한 번은 반드시 블로그 포스팅을 한다는 원칙을 세우고 실천했다. 하루도 안 빠지고 포스팅한 것이 187개를 기록하기도 했다. 당시에는 하루에 네 시간 이상을 자본 적이 없을 정도로 블로그 마케팅에 열정을 쏟았다고 한다. 기본에 충실하며 배운 대로 실천했다. 그러다 보니 조금씩 성과가 나기 시작했다. 블로그 방문객이 늘고 온라인 상담 의뢰도 조금씩 들어왔다.

온라인 상담의 성과는 기대 이상이었다. 문 대표는 요즘 고객들은 과거와는 부동산 매물을 검색하는 방식이 달라졌다며, 대부분 고객이 미리 온라인으로 부동산 매물을 검색해보고 사무실을 방문한다고 한다. 그만큼 온라인상에 정보가 넘쳐난다는 증거다. 이러한 고객의 트렌드에 따라 실제 부동산 매물 사진을 꼼꼼히 촬영해서 온라인상에 올리는 작업을 했다. 보기에만 번듯한 낚시성 허위 매물 사진은 제거하고, 실제 거래되는 진짜 매물 사진을 포스팅했다. 그렇게 하니까 오히려 고객의 시간을 절약해주고 고객의 신뢰를 얻어서 계약으로까지 이어지는 결과가 발생했다.

그런 과정에서 단순 상담 비율은 낮아지고, 실제로 계약에 관심이 있는 고객이 접촉하므로 계약 성사율은 더욱 높아진다고 한다. 심지어 미국, 일본, 동남아 등 외국에서도 온라인을 통해 상담 의뢰가 들어온다는 것이다. 외국에서 상담이 들어오는 이유는 외국에 거주하는 교포가 국내로 다시 이주하면서 사전에 부동산 매물을 검색하고 온라인 상담을 신청하기 때문이라고 한다. 또한, 여름이나 겨울의 비수기가 없어졌을 정도로 꾸준한 계약 성사율을 보인다고 하니, SNS 마케팅 성과를 톡톡히 보는 셈이다.

과거 단순 상담 고객을 상대하면서 에너지만 소비하던 비효율적인 운영 방식에서 벗어나, 이제는 SNS 마케팅 활동을 통해 단순 상담 비율은 낮추고 계약 성사율은 높이는 효율적 사업 운영을 할 수 있게 되었다고 한다. 문 대표는 나이 든 사람도 꾸준히 연습하면 얼마든지 SNS 마케팅을 할 수 있다며, 새로운 세상을 본 것처럼 요즘 사업하는 데 활력이 넘친다고 말한다.

사람들로 북적이는 SNS, 3가지만 기억하자

SNS의 가장 큰 장점은 역시 무료라는 점이다. 개업하면서 전단 하나 만들어 돌려도 몇십만 원씩 들어가는 것을 고려한다면 실로 커다란 장점이 아닐 수 없다. 또한 잘만 만들어 관리한다면 전국 어디서든 온라인 주문을 받을 수 있다는 점도 무시할 수 없는 장점이다. 그밖에도 고객과의 쌍방향 소통, 개인 브랜딩의 용이성 등 SNS는 많은 장점이 있다.

물론 이런 장점을 살려 성과를 내기까지는 지루하고 고된 손품을 파는 노동 시간이 필요하다. 매일매일의 힘은 대단하다. 하지만 꾸준히 무언가를 한다는 것은 고단하고 따분한 작업이다. 그래서 대부분 사람들은 쉽고 편한 방법을 택해 홍보 대행업체에 SNS 홍보를 의뢰한다. 하지만 비용이 발생한다는 점을 제쳐두고라도 남이 대신 써주는 글에 진정성이 녹아들 리 없다. 그래서 SNS를 통해 성과를 내려면 자신이 직접 매일 포스팅하는 것이 바람직하다.

SNS를 이용해 방문자 수를 늘리는 몇 가지 요령을 알아보자.

첫째, 첫째도 콘텐츠, 둘째도 콘텐츠, 셋째도 콘텐츠다. 사람들은 이야깃거리에 관심을 보이기 마련이다. 좋은 콘텐츠란 무겁지 않고 흥미로우면서 사람들의 공감을 불러일으키는 콘텐츠를 말한다. 사람들의 공감을 불러일으키려면 전달하고자 하는 콘텐츠에 의미와 재미가 담겨 있어야 한다. 지나치게 사소한 일상을 털어놓는 이야기나 일방적인 광고로 도배한다면 고객들의 외면을 받을 것이다. 그러므로 사람으로 북적이도록 공감을 불러일으키는 콘텐츠를 만들려면 상품 정보, 일상 이야기, 전문 정보, 최신 유행 등 다양한 내용의 조합을 균형감 있게 구성하는 것이 좋다.

백 마디 말보다 사진 한 장이 낫다는 말은 SNS를 두고 하는 말이다. 공감을 불러일으키는 SNS는 한 장의 사진으로 의도를 전달하는 경우가 많다. 의미가 압축된 한 장의 사진은 전달하고자 하는 내용을 간결하게 표현할 수 있는 SNS의 큰 장점이기도 하다. 특히 요즘에는 스마트폰의 발달로 누구나 선명한 고화질의 이미지를 손쉽게 촬영할 수 있는 세상이다. 글자로만 채워진 콘텐츠처럼 지루한 것도 없다. 따라서 이미지의 적절한 배치로 콘텐츠의 질을 높이고 활력을 불어넣는 것이 좋다.

콘텐츠를 더욱 풍성하게 하려면 이미지와 함께 동영상을 추가하는 것이 바람직하다. 동영상을 추가한다면 콘텐츠의 완성도뿐만이 아니라 검색 순위도 올라갈 확률이 높다. 동영상의 가장 큰 장점은 사실성이다. 한 컷의 정리된 이미지는 보정 처리를 통해 실제보다 과장해서 표현할 수 있다. 그러나 동영상은 있는 그대로의 상품을 촬영하므로 사실성을 바탕으로 고객의 감동을 끌어낼 수 있는 좋은 수단이다. 정리하자면, 사람으로 북적이는 SNS를 만들려면 우선 사람들의 공감을 불러일으키는 다양한 소재의 글에 사진과 동영상을 적절히 조합해 포스팅하는 것이 첫 번째 요령이다.

둘째, 제목과 키워드로 검색 상위 노출을 시도하라. 가령 강남역 맛집으로 소문내고자 제목과 내용에 '강남역 맛집'으로 도배한다면 검색 상위에 노출될 수 있을까? 그렇지 않다. 무조건 관련 키워드를 많이 쓴다고 해서 앞줄에 나오는 것이 아니다. 제목과 키워드의 적절한 안배가 필요하다. 그러므로 제목과 키워드의 전략적 선정이 중요하며, 그렇게 선정한 키워드는 본문 내용 중 요소의 적당한 자리에 끼워 넣어야 한다.

제목은 고객의 시선을 잡는 첫 번째 매력 포인트다. "그녀의 자전거가 내 가슴에 들어왔다", "넥타이는 청바지와 동일하다", "나이는 숫자에 불과하다", "2등은 아무도 기억하지 않는다" 등은 광고인 박웅현이 만들어낸 유명한 광고 카피다. 이렇듯 우리는 잘 쓰인 광고 카피 한 줄에 마음을 빼앗긴다. 마찬가지로 내용이 한마디로 압축된 제목이 SNS 성패를 좌우한다고 해도 과언이 아니다. 포스팅의 내용과 제목이 잘 들어맞는다면 사람들의 관심을 이끄는 것을 물론이요, 자연스럽게 클릭으로 이어진다. 따라서 검색 상위 노출을 위해서는 섹시하게 고객을 유혹하는 제목 설정이 무엇보다 중요하다.

제목과 더불어 적절한 키워드의 선정은 SNS를 효율적으로 활용하려면 잘 고려해야 하는 중요한 부분이다. 블로그 포스팅에서 제목과 본문에 키워드를 적절히 배치함으로써 검색 순위를 높일 수 있다. SNS 전문가 손정일은 "만약 홍보를 위해 콘텐츠를 제작하는 것이라면, 반드시 키워드를 먼저 뽑아낸 후 그 키워드와 관련한 주제를 중심으로 해서 검색엔진이 좋아하는 글쓰기의 구조로 콘텐츠를 만든 다음 검색 상위 페이지에 노출해주어야 한다"라고 말했다. 글의 내용보다 키워드의 선정이 먼저라는 말이다. 결론적으로 SNS에서는 간결하면서도 핵심적인 내용이 함축된 제목과 의미 있는 키워드를 뽑아낸 후, 그 키워드를 제목과 포스팅 내용에 적절히 배치해 독자의 시선이 머무를 수 있도록 콘텐츠를 구성하는 것이 좋다.

셋째, 엄밀히 말하면 SNS는 품앗이다. 서로서로 가려운 곳을 긁어주는 쌍방 교환(Give & Take)의 논리가 적용되는 곳이 바로 SNS 공간이다. 모든 SNS는 사용자가 공감을 표시할 수 있는 기능이 있다. SNS의 가운데 글자가 네트워크(Network, 망)인 것만 봐도 SNS에서는 온라인상의 사람들과 그물망처럼 관계를 맺으며 활동한다는 것을 알 수 있다. 내가 다른 사람의 공간을 방문하고 관심을 표시할 때, 그들도 내 공간에 방문하여 공감을 표시한다. 이렇게 함으로써 이웃이 늘어나고 검색 상위에 노출될 가능성이 커진다. SNS를 통해 다른 사람의 의견에 공감함으로써 소통과 검색 상위 노출의 두 마리 토끼를 잡을 수 있다. 그러니 열심히 방문하고 공감해주어 사람으로 북적이는 나만의 SNS 공간을 만들어보자.

장사의 신이라 불렸던 중국의 거상 호설암은 "사람은 반드시 신의가 있어야 한다"라고 늘 입버릇처럼 말했다고 한다. 온라인이건 오프라인이건 장사의 법칙은 그대로 적용된다. 내 것을 팔자고 일방적으로 광고 공세를 펼친다면 목적을 달성하기는 어려울 것이다. 먼저 상대방의 이야기에 귀 기울이고 공감을 표시함으로써 신뢰를 쌓을 수 있다. 그다음이 거래다.

Chapter 7

창업 전에는
절대로 알 수 없는 것들

창업하는 순간,
세금과의 전쟁이 시작된다

"세금계산서가 뭐예요?"

자주 듣는 말이다. 세무 전문가가 볼 때는 기가 찰 말이지만, 실제로 창업하면서 '세금계산서'라는 것을 처음 본 사람이 많다. 주로 젊은 여성 창업자일수록 세금에 문외한인 경우가 많다. 직접 세금을 계산해 납부해본 일이 없기 때문이다. 오랫동안 직장에만 근무하던 직장인도 세금이라면 '연말정산을 하는 것' 정도로만 아는 이들도 있다. 하지만 창업하는 순간 세금과의 전쟁이 시작된다고 할 정도로 세금은 줄곧 창업자를 따라다니는 골칫거리이자 집중 관리

대상이다.

서울 마포구에서 커피 전문점을 창업한 이다혜(가명) 씨가 그런 경우였다.

"세금 관리는 어떻게 하기로 하셨어요? 세무사에게 기장 대행을 맡기실 건가요?"

"그게 뭐예요? 세금 관리를 해야 해요? 어떻게 하는 거예요?"

"혹시 세금계산서가 뭔지 아세요?"

"들어본 것 같기는 한데, 정확히는 모르겠어요."

이제 막 커피 전문점을 창업해 사업을 시작한 이다혜 씨는 소득이 생기면 세금을 내야 한다는 사실을 전혀 모르고 있었다. 그냥 물건 팔아서 들어오는 돈은 매출이고, 그것으로 재료비하고 월세, 관리비를 내고, 나머지는 내 주머니에 들어오는 순이익이라고 생각했다. 내가 만들어낸 이익금에서 세금을 내야 한다는 사실을 몰랐던 거다. 아직은 사업 초기라 세금에 신경 쓸 일은 별로 없지만, 방심하고 관리의 손을 놓고 있다가는 언제 세금 폭탄을 맞을지 모를 일이다. 사업하면서 세금에 대해 모른다는 것은 돈을 많이 벌어서 구멍 난 자루에 담고 가는 것과 같다. 그만큼 꼼꼼히 챙기지 않으면 정당하게 막을 수 있는 돈을 지출하게 된다.

세무 전문가가 아닌 내가 세금을 이야기하는 이유는 나도 첫 창업 때 세금에 대해 전혀 몰라 호되게 당한 일이 있기 때문이다. 말하기도 부끄러운 얘기지만, 나도 창업 당시 세금계산서가 뭔지 몰랐다. 들어는 봤으나 어떤 구조로 계산되고 어떻게 관리해야 하는 것인지 전혀 몰랐다. 돈을 벌어야겠다는 의욕만 있었지, 번 돈을 잘 관리하는 현명함이 부족했던 거다. 그러니 세금 관리가 제대로 될 턱이 없었다. 나중에 알고 보니 지출하지 않아도 될 돈이 여기저기로 줄줄 새고 있었다. 한마디로 창업의 기본 상식이 부족했었다.

사건은 창업 후 몇 개월 지나 터졌다. 창업하고 열심히 장사하고 있는데, 몇 개월 후 세무서에서 부가가치세를 신고해야 한다는 서류가 날아왔다. 이게 뭔가 하고 한참을 들여다보다가 그때야 비로소 세금을 내야 한다는 사실을 알았다. 그때까지 세금 관리를 하지 않으면 매출액에서 공급가액(부가가치세가 포함되지 않은 물품 가격)의 10%에 해당하는 금액을 부가가치세로 내야 한다는 사실을 전혀 몰랐으니, 세금 폭탄을 맞은 기분이었다. 어쩔 수 없이 매출액의 거의 10%에 가까운 돈을 부가가치세로 납부한 적이 있다.

생각해보라. 전체 매출액에서 10%에 가까운 세금을 떼고 나면 남는 게 뭐가 있겠는가. 당시 허탈한 기분에 한동안 의욕을 상실했던 기억이 난다. "이거 나라에서 세금으로 다 떼 가고 나는 뭐 먹고 살라는 거냐"라고 볼멘소리로 툴툴댔지만, 사실 따지고 보면 나의 무지가 원죄 아니겠는가. 세금을 많이 내고 싶은 사람이 어디 있을까. 그렇다고 법으로 시행되는 세법을 고칠 수는 없는 노릇이고, 그때부터라도 철저히 세금을 관리하는 수밖에는 방법이 없었다.

소 잃고 외양간 고치는 격으로 그때부터 세금에 관해 공부하고 준비하기 시작했다. 그러다 보니 부가가치세나 소득세의 기본 구조를 알게 되었고, 절세 방법도 고민하게 되었다. 그 외에도 일반과세자와 간이과세자의 차이, 세금계산서와 계산서의 차이, 면세사업자의 의제매입세액공제 같은 것도 알게 되었다. 아는 만큼 세금을 줄일 수 있다는 사실을 알았다. 그게 장사 잘하는 것이라는 사실 또한 깨닫게 되었다.

다시 한 번 강조하지만, 세무사가 아닌 내가 세금에 대해 논하는 것은 아주 기초적인 세무 상식은 미리 알고 창업을 준비하라는 경고의 메시지를 전달하고 싶어서다. '뭐 골치 아프게 세금 계산하고 있나. 그냥 세무 대리인에게 맡기면 되지'라고 생각할 수도 있다. 그러나 세상의 모든 일이 그렇듯 자신이 모르면 남도 잘 부릴 수 없을 터, 내가 모르고 남에게 의지하는 것과 내가 잘 알면서 남을 부리는 것은 다른 얘기다. 또한, 중요한 순간에 의사를 결정할 일이 있을 때 정보와 지식이 부족해 자칫 실수라도 한다면 이미 엎질러진 물이 될 수 있으니, 사업자가 기본적인 세무 상식은 갖추고 있는 것이 가장 바람직하다. 이미 사고를 치고 난 후에는 아무리 유능한 세무사라도 어쩔 수 없는 경우가 대부분이다.

세금은 국가와 벌이는 정보와의 싸움이라는 말이 있듯이 알면 줄일 수 있다. 정당한 절세가 돈 버는 지름길이다. 그렇다고 우리가 두꺼운 사전만 한 세법을 공부할 수는 없는 노릇이다. 다행히 요즘에는 절세 방법을 다루는 상식 수준의 책이 많이 나와 있다. 책 몇

권을 통달해 세무 기초와 절세 방법을 꿰차고 있는 것이 가장 좋은 방법이라고 생각한다.

간단히 자영업자가 내는 세금에 대해 알아보자. 다양한 업종과 형태의 세금이 있겠으나 소상공인 창업자가 알아야 할 세금은 크게 두 가지다. 부가가치세와 종합소득세다.

부가가치세는 보관하고 있다가 내는 세금

창업하면 제일 먼저 맞닥뜨리게 되는 세금이 부가가치세다. 문자 그대로 부가가치세는 사업하면서 부가적인 가치가 만들어지는 것에 매기는 세금이다. 부가가치세는 판매하는 물건의 공급가액 10%에 해당하는 세금을 최종소비자에게 받아놓았다가 매입한 물건의 공급가액 10%에 해당하는 세금을 차감하고 납부하는 것이다. 그러므로 사업자의 수익에 상관없이 판매가 발생하면 납부하는 세금이다. 그러니 관리를 소홀히 했다가는 상당히 많은 금액을 세금으로 내게 된다. 부가가치세 신고는 1년에 두 번은 확정신고, 두 번은 예정신고로 한다. 부가가치세의 계산 구조는 다음과 같다.

부가가치세 납부세액 = 매출세액 − 매입세액

= (판매한 물품의 공급가액×10%) − (구매한 물품의 공급가액×10%)

　예를 들어보자. 990원 하는 음료수를 소비자가 편의점에서 샀다면, 소비자는 900원의 공급가액에 더하여 10%에 해당하는 90원의 세금을 내고 음료수를 사 마신 것이다. 부가가치세는 최종소비자가 지불하는 것이므로 판매 가격에 이미 세금이 붙어 있다. 그런데 편의점 사장은 음료수를 판매하고자 중간 도매상에게서 물건을 받았을 것이다. 중간 도매상에게 550원을 주고 음료수를 구매했다고 가정하자. 그러면 그 거래 과정에서 편의점 사장은 이미 원가 500원에 50원의 세금을 지불하고 중간 도매상에게서 음료수를 구매한 것이다. 그렇게 되면 편의점 사장은 고객에게서 받은 90원의 세금에서 이미 중간 도매상에게 지불한 50원의 세금을 빼고 40원의 부가가치세를 국세청에 납부하면 된다. 이것이 부가가치세의 대략적인 기본 구조다.

　음식점도 마찬가지다. A라는 백반집에서 6,000원짜리 된장찌개를 판매한다고 가정해보자. 계산의 편의상 5,400원이 공급가액이고 600원이 세금이라고 가정하면, 최종소비자는 6,000원을 주고 된장찌개를 사 먹은 것이 된다(실제로는 5,400원의 공급가액에 10%의 세금을 더하면 5,940원이 되는데 이런 메뉴판은 보기 드물다). A사장은 6,000원짜리 백반을 만들어 파는 데 3,000원의 원가가 들어갔다.

A사장은 재료비며 기타 경비로 3,000원을 지불했으므로 대략 10%인 300원을 이미 세금으로 지불한 셈이다. 그래서 고객에게서 받은 600원에서 이미 재료비와 경비로 지불한 300원의 세금을 뺀 나머지 300원을 부가가치세로 납부하면 된다.

그런데 옆 가게에 A사장과 비슷하게 영업하는 B사장이 있다고 가정하자. 된장찌개 판매 가격은 동일하게 6,000원이다. 이는 가게를 방문하는 손님에게 5,400원의 공급가액에 600원의 세금을 동일하게 받는다는 말이다. 그런데 B사장은 원가 비용 처리를 잘못해서 실제로 3,000원의 원가가 발생했는데도 2,000원의 원가가 발생한 것으로 처리했다. 이 경우 2,000원의 대략 10%에 해당하는 200원의 세금을 거래 과정에서 지불한 것으로 계산돼, B사장은 600원에서 200원의 세금을 공제한 400원의 세금을 내게 된다. 결국 동일한 매출액이라면 비용 처리를 많이 할수록 세금은 줄어든다는 계산이다.

그런데 문제는 고객의 인식에서 발생한다. 최종소비자가 구매하는 재화나 서비스에 이미 공급가액의 10%에 해당하는 세금이 붙어 있다는 것이 원인이다. 고객은 10%의 세금이 붙어 있는 가격을 소비자 체감 가격으로 인지한다. 6,000원의 된장찌개 메뉴판을 보고 '5,400원은 원가이고 600원은 세금이네'라고 생각하지 않는다. 그렇다고 장사하면서 "6,000원의 10%인 600원은 세금이고 우리 가게에서 고객에게 받는 돈은 5,400원입니다"라는 문구를 붙여놓을 수도 없다. 간혹 대형 음식점이나 패밀리레스토랑 같은 곳을 가면 부가세 별도라고 해서 10%의 세금을 따로 받는 경우가 있다. 그러나 동네 음식점이나 작은 가게에서 부가세를 별도로 받는다는 것은 현실적으로 불가능하다. 고객에게 안 좋은 인상을 심어줄 수 있기 때문이다.

더 큰 문제는 이러한 세무 구조를 모르는 창업자가 많다는 사실이다. 앞서 소개한 이다혜 씨도 그런 경우였다. 중요한 것은 창업을 준비하면서 대부분 창업자가 세금에 대해 기초적인 상식도 전혀 없다는 데 있다. 물건을 팔고 최종소비자에게서 받은 10%의 세금은 어차피 사업주의 것이 아니니 잘 보관하고 있다가 사업주가 원재료를 구입하면서 이미 지불한 10%의 세금을 빼고 나머지를 내라고 하는 것이 부가가치세법이다. 내 돈이 아닌 세금을 보관하고 있다가 이미 낸 세금을 빼고 나머지를 내라는 것이다. 맞는 말이다. 그런데 사업주는 일단 내 주머니에 들어온 돈은 모두 내 돈이라고 인식하는 데서 괴리가 발생한다. 세금을 안 낼 수는 없다. 그것은 법을 어기는 일이다. 그래서 세금 관리가 필요하다. 그렇다면 어떻게 해야 세금을 관리할 수 있을까?

앞서 예로 든 A사장과 B사장을 생각해보자. 똑같이 6,000원짜리 된장찌개를 팔았는데 A사장은 원가가 3,000원 들어서 300원의 세금을 이미 지불했고, B사장은 비용 처리를 잘못해서 2,000원의 원가가 발생한 것으로 처리해 400원의 세금을 지불했다. 결국 같은 물건을 팔고도 B사장은 100원의 세금을 더 납부한 셈이다. 비용이 많이 발생하면 이익은 줄어드나 세금은 적게 내고, 비용이 적게 발생하면 이익금은 늘어나나 세금을 많이 내는 구조다. 그렇다고 세금 적게 내자고 일부러 비용을 더 발생시킬 수는 없는 노릇이다. 그것은 경영이 아니다. 문제는 정당하게 들어간 매입세액을 제대로 챙기지 못한다는 데 있다. 마치 B사장처럼 말이다. 여기에 절세 포인트가 있다. 내가 재화나 서비스를 판매하려고 만드는 과정에서 이미 지불한 매입세액을 적절한 증빙서류로 챙겨 세무서에 제출하면, 그만큼 이미 지불한 부가가치세에서 공제를 받으므로 사업자가 내는 부가가치세는 줄어들게 된다. 이것이 요지다.

그런데 만약 재료비나 월세, 인건비, 공과금 같은 돈을 실제로 지불했는데도 적절한 증빙을 하지 못한다면 국세청에서는 실제 매출만 보고 매출세액은 있되 매입세액이 없는 것으로 판단하여 그만큼 세금을 부과하게 된다. 따라서 사업하면서 발생한 모든 원가, 즉 매입세액은 법에서 정한 적격 증빙서류로 증빙해야 한다. 그 적격 증빙의 대표적인 서류가 바로 '세금계산서'이다.

세금계산서란 사업자가 물건을 사고팔 때 부가가치세법에 따라 주고받는 서류를 말한다. 과거에는 종이로 된 세금계산서를 주고받았는데, 최근에는 전자세금계산서를 주고받는다. 그밖에 적격 증빙서류로는 기본적으로 세금계산서, (면세)계산서, 신용카드 매출전표, (지출증빙용)현금영수증, 체크카드 영수증 등이 있다. 주위에서 흔히 볼 수 있는 일반 간이영수증이나 입금표는 적격 증빙서류가 아니다. 결론적으로 부가가치세를 덜 내려면 매출세액을 줄이거나 매입세액을 늘려야 하는데, 여기서 매출세액을 줄이는 것은 벌어들인 돈, 즉 매출액을 줄인다는 것이다. 매출액을 줄이는 것은 탈세에 해당한다. 이러면 세무조사를 통해 세금 폭탄을 맞을 수 있으니, 허위 매출액 누락을 해서는 안 된다. 그러므로 정당하게 지불한 매입세액을 꼼꼼히 챙겨 세금을 줄이는 방법이 최선이다.

부가가치세 절세의 4가지 방법

사업하면서 부가가치세를 줄일 수 있는 첫 번째 방법은 적격 증빙서류를 제때 받아두는 일이다. 그것의 대표적인 것이 매입세금계산서라고 했다. 매입이 발생했는데도 세금계산서를 받지 않는다면, 그만큼 매입세액 처리가 되지 않아 세금을 많이 내게 된다. 간혹 세금계산서를 발행해달라고 하면 판매처에서 10%의 세액을 요구하는 때도 있다. 그렇다 하더라도 10%의 세액을 더 주고 세금계산서를 받아두는 것이 유리하다. 10%의 세액은 나중에 부가가치세 공제를 받을 수 있는 것은 물론, 소득세 계산에서도 공제되기 때문이다. 음식점을 운영하는 사업자라면 농·축·수산물을 취급하는 면세사업자로부터 계산서를 받아서 의제매입세액 공제를 받을 수 있다.

두 번째 절세 요령은 전기, 가스, 수도, 전화 요금의 명의를 사업자 이름으로 바꾸는 것이다. 특히 새로 점포를 임차해 창업할 때 전기, 가스, 수도, 전화 요금을 먼젓번 사업자나 건물주 이름으로 납부하는 경우가 있는데, 이러면 다른 사람의 세금을 대신 내주는 격이 된다. 각종 공과금도 부가가치세의 매입세액에 해당하므로 해당 기관의 명의 변경을 통해 공제받는 것이 현명하다. 창업 전 꼼꼼히 챙겨 절세 효과를 노려보자.

셋째, 업무용 차량이 필요할 때 9인승 트럭이나 1,000cc 이하 소형차를 구매하면 비용 처리가 가능하다. 승용차 8인승 이하, 배기량 1,000cc를 초과하는 차량은 매입세액 공제를 받을 수 없다. 따라서 사업 용도로 차량을 구입할 생각이라면 트럭이나 9인승 이상의 승용차 또는 배기량 1000cc 이하의 차량을 구입하는 것이 절세 방법이다. 주유할 때도 유류비에 대한 매입세액 공제를 받을 수 있다는 장점도 있다.

넷째, 신용카드 매출전표를 주고받아도 절세 혜택이 있다. 신용카드를 사용한 고객은 물론이요, 신용카드를 고객으로부터 받아 결제한 사업자도 세금공제 혜택을 받을 수 있다. 다만 카드나 현금영수증으로 판매 시 세액공제 혜택을 받으려면 일반과세자에게 판매했을 때만 가능하다는 점을 알아두자. 이를 공급자에 대한

'신용카드 매출전표 발행 등에 대한 세액공제'라고 한다. 공제율에 차이가 있으나 이 규정은 일반과세자나 간이과세자에게 모두 적용된다.

마지막으로 가짜 세금계산서는 절대 주고받지 말아야 한다. 가짜 세금계산서를 만들어 파는 사람을 자료상이라고 하는데, 이는 엄연히 불법이다. 세금 몇 푼 아끼려다 자칫 사업을 접을 수도 있으니 세금계산서를 거래할 때는 국세청 홈페이지에서 휴폐업 조회를 해보는 것이 현명하다.

비용 처리를 통해 소득세를 줄이자

부가가치세와 함께 창업자가 반드시 알아야 할 세금이 종합소득세다. 종합소득세는 1년 내내 벌어들인 돈에 대해 내는 세금이다. 전년도에 벌어들인 소득에 대해 내는 세금으로 일반적으로 1년에 한 번 5월에 신고한다. 종합소득세의 계산 구조를 간략하게 살펴보면 다음 그림과 같다.

종합소득세는 각종 소득금액을 합산하여 나온 종합소득금액에서 소득공제 금액을 제외하고 나온 과세표준 금액에 일정 세율을 곱해 결정세액을 산출한다. 그런 후 여기에 가산세를 더하거나 기

단계별 종합소득세 세금 계산 구조

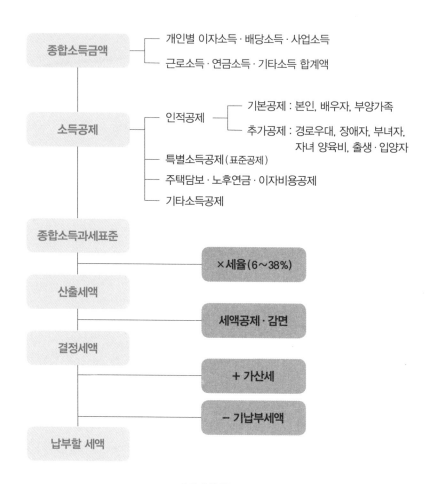

```
종합소득금액 ┬─ 개인별 이자소득 · 배당소득 · 사업소득
             └─ 근로소득 · 연금소득 · 기타소득 합계액

소득공제 ┬─ 인적공제 ┬─ 기본공제 : 본인, 배우자, 부양가족
         │           └─ 추가공제 : 경로우대, 장애자, 부녀자,
         │                        자녀 양육비, 출생 · 입양자
         ├─ 특별소득공제 (표준공제)
         ├─ 주택담보 · 노후연금 · 이자비용공제
         └─ 기타소득공제

종합소득과세표준

                        × 세율(6~38%)
산출세액

                        세액공제 · 감면
결정세액

                        + 가산세

                        − 기납부세액
납부할 세액
```

• 소득세의 구조 •

납부세액을 제하고 나면 사업자가 납부해야 할 소득세액이 나오게 된다.

소득세를 적게 내려면 우선 이와 같은 그림의 맨 위에 있는 '종합소득금액'이라는 것이 일단 적게 나와야 한다. 이는 벌어들인 소득이 적으면 세금도 적게 내고, 소득이 많으면 그만큼 세금도 많이 내는 원리 때문이다.

사업소득 = 총수입금액 − 필요경비

종합소득금액이 사업자에게는 사업소득에 해당한다. 사업소득이란 총수입금액에서 필요경비를 제외하고 남은 금액이다. 1년 내내 벌어들인 돈에서 그간 쓴 비용을 빼고 나머지 남는 돈으로 세금을 계산하는 것이다. 사업소득을 줄이려면 정당하게 지출한 필요경비를 증빙하는 것이 무엇보다 중요하다.

필요경비란 사업과 관련해 소득을 발생시키고자 사용한 비용을 말한다. 따라서 필요경비를 증빙한다는 것은 세금이 줄어든다는 것과 같은 의미다. 마찬가지로 필요경비 처리를 하지 않는다는 것은 세금이 늘어난다는 뜻이다. 사업소득만 있는 사업자라면 정당하게 지출한 필요경비를 적절한 증빙서류로 잘 챙겨두는 것이 절세의 첫 번째 방법이다.

적절한 증빙서류란 어떤 것이 있을까? 부가가치세와 마찬가지로 세금계산서, (면세)계산서, (지출증빙용)현금영수증, 신용카드전표 등이 있다. 일반 간이영수증이나 입금표 등은 적절한 증빙에 해당하지 않는다. 따라서 비용을 지불하는 거래가 있을 시 적절한 세금계산서를 주고받는 것이 부가가치세뿐만이 아니라 소득세를 줄이는 가장 좋은 방법이다. 현금거래만을 통해 거래가 이루어진다면 비용을 지불했는데도 필요경비로 처리되지 않아 그만큼 소득으로 잡혀 세금을 많이 내게 되는 결과를 초래한다. 그러므로 가장 중요한 절세의 지름길은 적절한 증빙으로 필요경비를 최대한 많이 인정받는 것임을 잊지 말자.

이렇게 사업소득금액이 결정되면 그다음으로 인적공제, 추가공제, 연금보험공제, 기타소득공제 등을 통해 소득금액에서 소득공제 금액을 제한다. 소득공제 금액을 잘 챙기는 것 또한 절세를 위한 방법이다. 소득공제 금액은 사람마다 다르므로 종합소득금액이 같다고 해도 소득세 납부 금액이 달라질 수 있다.

소득세는 부가가치세와는 달리 누진세율이 적용된다. 부가가치세는 소득이 많은 사람에게나 적은 사람에게나 모두 10%의 세금을 일괄 적용한다. 그러나 소득세는 많이 벌어 많이 남은 사람은 많이 내고, 적게 벌어 적게 남은 사람은 적게 내는 구조다. 바로 여기에 절세 포인트가 있다.

소득세는 개인별 과세를 원칙으로 하므로 동업한다면 소득세 절감 효과를 얻을 수 있다. 이는 한 사람이 소득세를 전부 내는 것보다 두 사람이 소득금액에 따라 세금을 나눠내는 것이 소득세를 적게 낸다는 의미다. 실질적으로 동업이 소득세를 내는 데 유리한지는 소득금액에 따라 다르기는 하나, 만약 실제로 두 사람 이상이 함께 동업하고 있다면 한 사람을 대표자로 등재하기보다 공동사업자로 사업자등록증을 발급받는 것을 고려해볼 일이다. 부부 창업자인 경우에도 마찬가지다. 실제로 사업을 공동으로 운영하고 있다면, 공동사업자 등록을 통해 절세 효과를 고려해볼 만하다.

사업자등록을 발급받고 사업한다면 사업에 관련한 거래 내용을 장부에 기록해야 하는데, 이를 '기장'이라고 한다. 이는 사업 시기와 수입금액에 따라 간편장부와 복식부기로 나뉜다. 기장을 제대로 하지 않으면 실제 지출한 비용을 인정받지 못하거나 무기장 가산세를 추가로 내야 하는 불이익이 있으므로 기장하는 것이 세금을 적게 내는 방법의 하나다. 경비가 비용으로 인정받으려면 장부를 작성해야 하는데, 국세청 홈페이지에서 간편장부를 내려받아서 장부를 작성하는 것이 좋다. 그러나 실제로 사업하면서 사업자가 일일이 장부를 작성하기란 쉽지 않다. 그래서 규모가 작은 사업자는 장부 작성을 세무 대리인에게 일정 비용을 지불하고 맡기는 것이 일반적이다.

앞서 말했듯 소득세를 줄이려면 이미 지출한 필요경비를 인정받는 것이 중요하다. 필요경비에는 재료비, 인건비, 종업원을 위한 복리후생비 등이 있다. 이때 가족이 함께 사업하고 있다면 급여 처리를 통해 필요경비를 인정받는 것이 절세 포인트다. 대표자의 급여는 필요경비로 인정되지 않으나, 배우자가 실제로 사업에 참여하고 있다면 4대 보험 처리나 원천징수를 통해 인건비로 처리할 수 있다.

소득공제 상품을 적극적으로 활용하는 것도 세금을 줄이는 방법이다. 개인연금 저축이나 노란우산공제 상품에 가입하면 절세 효과를 볼 수 있다. 개인연금 저축은 퇴직연금과 개인연금을 합산해 400만 원까지 소득공제를 할 수 있고, 노란우산공제 상품은 연간 300만 원까지 소득공제를 할 수 있다.

또한 경조사비도 비용 처리를 할 수 있다. 경조사비는 20만 원까지 법적 증빙 없이 비용으로 처리할 수 있다. 따라서 직원이나 거래처에 축의금을 냈다면 청첩장 등의 서류를 잘 보관해두었다가 비용 처리를 하면 된다. 그 밖에도 기부금이나 일부 접대비, 감가상각비, 퇴직급여 등의 비용 처리를 통해 소득세를 줄일 수 있다.

폐업을 할 때도 폐업신고를 해야 한다. 그렇지 않으면 세무 불이익을 받을 수 있다. 따라서 폐업할 때는 세무 전문가를 통해 세금을 처리하고 폐업신고를 하는 것이 바람직하다.

전문가의 지식과 정보를
적은 비용으로 손쉽게 얻는 법

세금 관리를 혼자서 해결하기 어렵다면 세무 전문가와 상담하기를 추천한다. 서울신용보증재단 자영업지원센터에서 제공하는 자영업클리닉을 통해 세무 상담을 받을 수 있다. 비용은 무료이며 자영업지원센터 홈페이지(www.seoulsbdc.or.kr)를 통해 신청하거나 대표번호(1577-6119)를 통해 접수할 수 있다.

가까운 곳에서 세무 상담을 받고 싶다면 서울시에서 운영하는 마을세무사 제도가 적합하다. 공익 활동에 재능기부를 할 의사가 있는 세무사와 마을(洞)을 연결해주므로 가까운 곳에서 상담할 수 있다. 서울시 마을세무사란 복잡한 세무 행정에 전문 지식이 부족하거나 과세불복 관련 비용이 부담되는 시민에게 마을 단위로 지정된 세무사가 무료로 세무 상담과 권리구제를 지원해주는 우리 마을 담당 세무사 제도이다. 상담을 원하는 주민은 동네 주민센터에 비치된 마을세무사 연락처와 시·구·동 홈페이지에 게시된 마을세무사를 확인하여 상담을 신청할 수 있으며, 120 다산콜센터에서도 안내받을 수 있다.

서울시에서 운영하는 마을 세무사 제도.
지역마다 배정된 세무사를 무료로 소개받을 수 있다.

국세청 무료세무상담 서비스를 이용해 세무 상담을 받을 수도 있다. 전국 어디서나 국번 없이 126번으로 전화하면 궁금한 세무 정보에 대해 답변을 들을 수 있다. 직접 얼굴을 맞대고 물어봐야 속 시원히 궁금증이 풀릴 것 같다면, 국세청 1층에 있는 고객만족센터(서울시 강남구 테헤란로 114)를 직접 방문하면 된다. 1층에 있는 국세청 고객만족센터 방문상담실에서 직접 상담할 수 있다.

혼자 해결할 수 없다면 전문가의 도움을 받는 것이 상책이다. 정보와 지식이 널려 있는 세상이다. 그러니 모아서 꿰는 일이 중요하다. 복잡한 세상이 되다 보니 요즘에는 도와주는 사람도 도움받을 사람도 많다. 특히 창업이 그렇다. 처음 가는 길이고 혼자 가는 길이다. 도움을 받아 바르게 갈 수 있다면 그 또한 올바른 창업 준비다.

"소득이 있는 곳에 세금이 있다."

대한민국 세금 부과의 대원칙이다. 사업하면서 세금을 피해갈 수는 없다. 최선의 방법은 꼼꼼히 챙기고 잘 준비해서 줄이는 것이다. 세금 낼 때가 돼서야 세금을 줄여 보겠다고 허둥댄다면 절세 효과는 기대하기 어려울 것이다. 1년 365일 항상 염두에 두고 신경 써야 최소한으로 줄일 수 있는 것이 세금이다. 내가 아는 어떤 이는 세금이 너무 부담스럽다며 세금용 통장을 따로 만들어 관리하기도 한다. 현명한 생각이다. 어차피 내야 할 세금, 한꺼번에 내기에는 너무 부담스러우니 매달 조금씩 적금처럼 넣어놓아 부담을 줄이자는 생각이다. 창업을 준비하고 있다면 평소에 꾸준히 실천할 수 있는 절세 방법이 무엇인지 고민해보는 것이 좋겠다. 창업 전 기초 세무 공부로 알뜰한 창업을 시도하자.

사람으로 시작해 사람으로 끝나는 게 장사다

사람이 전부라는 말이 맞다. 돈을 벌어 주는 것도 사람이고, 사람 모으는 것도 사람이 해준다. 살다 보면 사람 간의 관계가 중요하다는 사실을 깨닫는다. 사건이 지나고 간 자리에는 사람이 남는다. 때로는 좋은 인연으로, 때로는 악연으로 만나고 헤어지고 다시 만나고 하는 것이 삶이다. 30년 지기 오랜 죽마고우가 사기를 치고 돈 떼먹고 도망가는 일을 당하면 사람이 싫어지기도 하고, 느닷없이 옛날에 도움 줬던 사람이 찾아와 건네는 그때 고마웠다고 하는 말 한마디에 사람이 다시 좋아지기도 한다. 사람에게 받은 상처는 사람에게 치유 받는다는 말은 그래서 설득력이 있다. 비즈니스의 세계도 예외는 아니다.

사업하면서 가장 힘든 점이 무엇이냐는 질문에 '사람'이라고 답하는 사장이 많은 것을 보면 얼마나 사람 관리하는 일이 힘든지 알겠다. 회사에서 가장 힘든 점도 육체적 어려움이 아니라 사람 간의 갈등이라고 하지 않던가. 작은 가게도 마찬가지다. 작은 사업이라고, 몇 명 안 되는 가게라고 해서 갈등이 없을 리 없다. 사람이 있는 곳에 분쟁이 있는 법. 특히 최근에는 노동법 위반에 대한 단속이 강화되면서 노동 분쟁 건수가 증가하는 추세다. 답답함을 호소하는 사장도, 억울함을 알아달라는 종업원도 많아지고 있다. 송형기(가명) 씨의 경우가 그렇다. 고용주로서는 답답할 노릇이지만 법의 잣대를 들이대고 보면 꼼짝없이 당하는 경우도 많다.

송형기(가명) 씨는 서울 중구에서 작은 음식점을 운영한다. 주방 아주머니 한 명과 홀에서 접대하는 아주머니 한 명, 모두 셋이서 운영하는 자그마한 식당이다. 그런데 어느 날 변화가 생겼다. 홀에서 일하는 아주머니가 급한 사정이 생겨 그만두게 되었다. 어쩔 수 없이 새로 직원을 채용해야 해서, 면접을 보고 새로 직원을 채용했다. 송 사장은 지금껏 직원을 채용하면 4대 보험에 가입하게 했고, 퇴직금도 정상적으로 처리해왔다. 당연히 일한 만큼 받아가야 한다는 생각이었다. 그런데 새로 일을 시작한 아주머니는 소득이 잡히면 곤란하다며 그런 처리를 하지 않겠다고 강하게 제안했다. 퇴직금도 필요 없고 월급에 포함해 주길 요구했다. 사람 구하는 일도 힘들뿐더러 당장 사람이 없으면 가게 운영이 어려웠던 터라 그렇게 합의를 하고 일을 시작했다.

그렇게 1년 가까이 지나갔다. 어느 정도 미운 정 고운 정 들어가던 시기였는데, 근무 시간 문제로 아주머니와 마찰이 생기기 시작했다. 합의점은 찾기 어려웠고, 골의 틈이 점점 벌어지는 듯했다. 아주머니는 많이 불편해하는 눈치를 보이며 그만둘 의사를 조금씩 표현하기 시작했다. 더는 안 되겠다 싶어 송형기 씨가 먼저 "많이 불편하시면 그만 나오셔도 됩니다"라고 말했다. 그러자 아주머니는 그러면 그동안 일한 퇴직금을 달라고 했다. 그리고 30일 전에 해고를 통지해야 하는데 갑자기 나가라고 했으니 법에서 정한 대로 한 달 치 월급도 달라는 것이었다. 송 사장은 그게 무슨 소리냐며 퇴직금 없이 일하기로 합의를 하고 급여에 포함해서 지급하지 않았느냐고 반문했다. 그리고 불편한 기색을 보이며 나갈 의사를 표한 것도 아주머니가 아니냐며 먼저 나가라고 한 것은 아니라는 반론을 했다. 아주머니는 별 이야기 없이 가게를 나갔고 그렇게 마무리되는 듯했다.

그런데 얼마 후 노동부에서 전화가 왔다. 아주머니가 송형기 씨를 노동법 위반으로 신고한 것이었다. 그때야 부랴부랴 노무사를 찾아가 자초지종을 이야기하고 자문했다. 하지만 법은 아주머니 편이었다. 내용은 이랬다. 4대 보험 가입 여부와 상관없이 정상적으로 근무했다면 퇴직금을 다 줘야 한다는 것이었다. 그리고 해고하기 30일 전에 통지하지 않으면 해고예고수당으로 30일 치 통상임금을 지급해야 한다는 내용이었다. 게다가 엎친 데 덮친 격으로 근로계약서 미작성 과태료까지 물어야 할 판국이었다. 무슨 법이 그러냐며 하소연해도 소용없었다. 법은 법이었다. 송 사장이 모두 불리한 조건이었다.

이런 일을 당하면 사업하기 싫어진다. 사람에게 당했다고 생각하기 때문이다. 주변에서 그런 분쟁으로 힘들어하는 사람을 못 봤고, 우리 같이 사람 몇 명 안 되는 작은 가게에서 그런 일은 안 생기리라고 사장들은 생각한다. 하지만 많든 적든 사람 사이에서는 언제든 분쟁이 발생할 수 있다. 누구든 예외일 수는 없다. 내가 들은 분쟁 사례 중에도 작은 가게에서 일어난 일이 많다.

아는 중국집에서는 배달하던 직원이 조용히 일하다가 그만두었는데, 휴일근로수당과 연장근로수당을 못 받았다며 노동부에 신고하여 그대로 다 물어줬다는 사장도 보았다. 서울 서대문구에 있는 어느 식당에서는 직원이 퇴사하고 얼마 후 전화가 걸려와서 주휴수당을 청구하며 노동부에 신고하는 대신 합의금을 요구했다고 한다.

아르바이트라고 분쟁이 없는 것은 아니다. 서울 신당동에서 프랜차이즈 제과점을 운영하는 황 씨는 아르바이트생과 있었던 일을 털어놓았다. 어느 날 아르바이트생이 퇴근하고 집에 가는 길에 미끄러져 팔을 다쳤다. 팔에 깁스하고 나와 다쳐서 일을 못 하겠다고 하기에 그때까지의 임금을 계산해줬다고 한다. 그런데 얼마 후에 전화가 와서 병원비를 요구하더라는 거였다. 본인이 혼자 집에 가다 다쳤는데도 그것도 근무의 연장이니 치료비를 달라고 요구했다. "일 끝나고 혼자 집에 가다 넘어진 것을 왜 내가 치료비를 줘야 하냐"라며 반문했지만, 그 아르바이트생이 근로계약서를 작성하지 않은 것을 꼬투리 잡으며 항의하는 것에 이기지 못하고, 치료비 25만 원을 주고 말았다고 한다.

이런 분쟁이 생긴 근원을 따지고 들어가다 보면 그 시초는 모두 근로계약서를 제대로 작성하지 않은 것에서 출발한다. 근로자와 사업자 간에 분쟁이 생겼을 때 노동부와 법원에서는 먼저 근로계약서를 참조하여 판단하는데, 근로계약서를 작성하지 않았다면 근로 조건을 입증할 서류 자체가 없으므로 사업자가 여러 가지로 불리한 처지에 놓일 수밖에 없다. 그러므로 정직원이건 아르바이트생이건 사람을 채용할 때는 제일 먼저 근로계약서를 작성하는 것이 분쟁의 불씨를 잠재우는 가장 좋은 방법이다.

근로계약서를 작성하는 데도 몇 가지 요령이 필요하다. 근로계약서에는 임금, 근로시간, 근로 조건, 휴일, 연차유급휴가, 임금 지급일 등이 명시되어야 한다. 상시 근로자가 1인이라도 1개월 이상 그리고 월 60시간 이상을 근무하는 모든 사업장에서는 4대 보험을 들어야 한다. 단기 아르바이트를 채용하더라도 조건은 마찬가지다. 단 조심해야 할 것은 급여 입금 시 사업자 통장에서 근로자 본인 통장으로 입금하는 것이 좋다. 만약 근로자 통장으로 입금할 수 없다면, 급여지급영수증이라도 받아 놓아야 한다.

외식업은 월 기준으로 급여를 지급하는 경우가 많다. 이런 때에 일반 근로계약서를 사용한다면 연장근로수당, 야간근로수당, 휴일

근로수당 등을 별도로 따로 지급해야 하는 경우가 발생할 수도 있다. 따라서 근무 시간이 탄력적으로 조절되는 업종이라면, 포괄적 임금근로계약으로 작성하는 것이 좋다. 포괄적 임금근로계약이란 월 급여 안에 연장근로수당, 야간근로수당, 휴일근로수당, 연차휴가수당 등이 포함되어 있다. 한마디로 급여에 모든 수당을 포함해서 지급한다는 내용이다. 포괄임금계약서를 작성한다면 각종 수당 미지급으로 분쟁이 발생할 소지가 적어진다.

하지만 포괄적 임금근로계약을 체결했더라도 퇴직금은 예외다. 사업자와 근로자 간에 합의를 보고 문서를 작성했더라도 근로자가 요구하면 퇴직금은 별도로 지급해야 한다. 따라서 일괄 지급 대신 급여에 포함해 급여를 달라고 요청을 해도 응하지 말아야 한다. 그래서 근로자를 채용한다면 1년에 13개월 치의 월급을 계산하고 급여를 정산하라는 말도 있다. 앞서 소개한 송 씨 사례처럼 급여에 퇴직금을 더해서 지급하고, 나중에 근로기준법 위반으로 퇴직금을 또 지급한다면 그 답답함을 어찌 말로 다 할 수 있겠는가.

인사가 만사다. 창업 전에는 모른다, 사람이 제일 힘들다는 사실을. 다른 곳보다 월급을 많이 주고, 복지 혜택도 만들어 오래 있고 싶은 가게로 꾸려나가면 분쟁 없이 안정적으로 사업할 수 있으리라고 생각할 수도 있다. '같이 일하는 사람끼리 뭐 신고하고 그런 일이 있겠어'라고 생각할지 모른다. 하지만 현실은 기대를 배신하는 경우가 많다. 미리 알고 준비하는 수밖에 방법은 없다. 사람으로 시작해 사람으로 끝나는 게 장사다. 장사는 이문을 남기는 것이 아니라 사람을 남기는 것이라는 거상 임상옥의 말처럼 고객이건 종업원이건 사람 관리가 제1의 장사 법칙임을 기억하자.

⦂ 더불어 가는 길이 좋다
협업화 · 협동조합

"그 많던 동네 빵집은 다 어디로 갔을까?"

지하철에서 심심치 않게 눈에 띠는 광고 문구다. 무엇을 광고하는 것일까? 이 광고의 주인공은 은평구, 서대문구 지역의 여덟 개 동네 빵집이 함께 모여 시작한 〈동네빵네〉라는 협동조합이란다. 이들은 대기업 프랜차이즈 빵집에 밀려 경쟁력을 잃어가는 매장을 살려보고자 한데 모였다. 다행히 협동조합을 만들고 난 이후로 매출이 좋아지고 있다고 한다.

그리고 보면 동네 빵집뿐만이 아니라 슈퍼마켓, 구둣가게, 소규모 제조업처럼 우리 주변에서 흔히 보이던 가게들이 점점 사라져가고 있다. 이들 정감 어린 작은 가게들이 사라진 자리는 어김없이 기업형 프랜차이즈 매장들이 차지한다. 대기업이 골목상권까지 잠식하려는 것 아니냐는 영세 상인들의 원망 섞인 목소리가 커지고 있지만, 거대 자본력으로 밀고 들어오는 대기업의 침탈을 막기에 소상공인들의 외침은 역부족인 듯하다.

동네 재래시장도 사정은 비슷하다. 상권마다 대형마트가 곳곳에 들어서니 오랜 기간 터를 잡고 장사해오던 시장 상인들은 점점설 자리를 잃어간다. 재래시장 한 귀퉁이에서 자리를 잡고 채소를팔던 할머니가 "요즘 사람들은 비싸도 마트로 간다"라며 한숨을 쉬던 모습이 마음을 아리게 한다. 오죽하면 대형마트의 영업시간을제한하고 의무휴업일을 지정하는 상생법안까지 나왔을까. 하지만정부에서 법으로 지켜줄 수 있는 영세 상인들 밥그릇의 범위는 한계가 있다. 먹고 먹히는 경제 논리는 법으로 어찌해볼 도리가 없는경우가 많다. 가장 좋은 방법은 스스로 경쟁력을 키워 자생하는 것이다. 하지만 그게 어디 말처럼 쉬운가 말이다. 자본력과 브랜드 파워로 밀고 들어오는 골리앗 대기업을 상대하기에 소상공인의 무기는 실로 초라하기 그지없다. 그렇다고 당신 일이니 알아서 해결하라고 말하기에는 대기업의 골목상권 잠식 문제는 자못 심각하다.

그렇다면 어떻게 해야 할까? 영세 자영업자들의 자생력을 키워 건강한 상생을 모색할 방법은 없는 것일까? 각자 흩어진 역량을하나로 뭉쳐 힘을 키우면 된다. 서울신용보증재단 자영업지원센터에서 주관하는 '자영업 협업화' 사업이 그것이다. 자영업 협업화 사업은 공동 이익을 추구하는 세 개 이상의 자영업자를 대상으로 공동 판매장 또는 공동 이용 시설, 공동 운영 시스템 구축, 공동 브랜드 개발 등 협업 사업 구축에 필요한 사업비의 90%를 지원해주는 사업이다. 공동 이용 시설은 1억 원 이내, 공동 운영 시스템 구축은 5,000만 원 이내, 공동 브랜드 개발 및 활용은 2,000만 원 이내에서 지원한다니 자영업자들의 귀가 솔깃한 반가운 정보가 아닐 수 없다. 그뿐만 아니라 경영 컨설팅과 경영 교육도 지원한다. 지원금은 보조금 형식이라 대출이 아닌 무상 지원이다. 쉽게 말하자면 대기업의 골목상권 진출로 어려움을 겪는 영세 소상공인이 모여 공동으로 사업을 추진할 경우 자생력 기반을 구축할 수 있도록 상당 부분 무료로 시설 및 브랜드 구축을 지원해주겠다는 말이다.

협업화 사업은 동업과는 다르다. 협업 사업은 참여하는 사업 주체가 각자 본연의 사업을 유지하면서 필요에 따라 서로 이익을 위해 공동 시설이나 공동 운영 시스템, 공동 브랜드를 같이 만들어보자는 '따로 또 같이' 운영 방식이다. 마치 일본 교세라 그룹의 이나모리 가즈오(稲盛和夫) 회장이 활용한 일명 '아메바 경영' 방식과 흡사하다. 아메바는 단세포 생물인데 일정 규모로 커지면 분열하여 여러 개체로 갈라진다. 아메바 경영은 평소 독립된 개체로 활동하다가 필요에 따라 뭉칠 수 있는 아메바의 특징을 모방해 활용한 경영 방식이다. 상황에 따라 헤쳐 모여가 가능하니 참 실용적인 방식이라 할 수 있다.

협업화 사업은 협동조합과도 조금 다르다. 협업화는 협동조합으로 가는 전 단계라고 볼 수 있다. 협업화에 성공하면 협동조합으로 단계가 상승할 수 있다. 우선 가장 큰 차이점은 주관 기관이다.

둘 다 같은 정부 기관이기는 하지만 협동조합은 중소기업청에서, 협업화 사업은 서울시에서 주관한다. 참여 업체 수에도 차이가 있다. 중소기업청 협동조합은 5인 이상의 사업자가 모여야 설립할 수 있다. 서울시 협업화 사업은 세 개 업체 이상이면 신청할 수 있다. 그밖에 지원 내용과 선정 방식에서도 다소 차이가 있다. 자세한 내용은 홈페이지를 통해 확인할 수 있다. 협업화는 서울신용보증재단 자영업지원센터(www.seoulsbdc.or.kr, 1577-6119)에서, 협동조합은 협동조합지원센터(www.15445077.net, 1544-5077)에서 상담할 수 있다. 협동조합지원센터에서는 협동조합에 관한 상담, 교육, 컨설팅까지 무료로 지원한다.

이러한 정부 지원 사업은 강력한 중심 주체가 없으면 추진하기 어려운 사업이다. 협업화 사업의 성공 여부 또한 참여하는 업체들의 적극성에 달려 있다. 협업화의 목적이 영세 소상공인이 모여 자생력을 키워보자는 데 있는 만큼 상호 신뢰가 바탕에 깔리지 않는다면 성공하기 어려운 사업이다. 또한, 업체 간의 역할 분담이 이루어진다면 더욱 좋다. 사람마다 각자 장점이 있고 단점이 있다. 공동으로 브랜드를 관리하면서 각자 장점을 살려 운영하는 게 바람직하다. 가령 누구는 인터넷을 잘하니 홈페이지를 관리하고, 누구는 홍보와 판매를 맡아 운영하고, 누구는 생산 관리를 담당하는 식이다. 마치 각개전투로 활동하던 독수리 5형제가 합체해 강력한 브랜드 파워를 가진 불사조로 변신하는 격이다.

협업화 사업에 참여해 성과를 낸 업체는 많다. 기술은 있으나 브랜드가 없어 대기업의 하청을 받아 가죽 제품을 납품하던 〈아이리스〉는 〈에스더블유〉와 함께 협업체를 구성하여 브랜드를 만들었다. 시장의 반응은 좋았고, 그 결과에 고무되어 사업 확장을 계획하고 있다. 경동시장에서 홍삼을 판매하는 〈송희인삼〉은 냉동·냉장 시설을 설치하여 대량 구매가 가능해졌다. 대량 구매를 통해 협업 참여 업체 전부가 원가는 절감하고 판매는 늘리는 일석이조의 효과를 보았다. 동네 빵집 일곱 개가 모여 협업 사업을 추진한 〈함스브로드〉는 공동 작업장을 설치해 경쟁력 있는 제품을 생산할 수 있게

도봉구의 동네 빵집들이 모여 만든 협업화 공동브랜드 〈디어블랑제〉.
협업화 사업은 소상공인들이 공동작업을 통해 노하우를 공유하고
부족한 부분을 보완하기 때문에 경쟁력을 강화할 수 있다.

되었다. 같이 모여 공동 작업을 하니 서로 노하우를 공유할 수 있어 좋았다고 한다. 어제의 경쟁자가 오늘의 동지가 된 셈이다. 2015년 10월 노원구, 도봉구 동네 빵집이 모여 만든 협업화 공동 브랜드 〈디어블랑제〉런칭 행사에는 서울 시장이 참석할 정도로 협업화 사업은 정부에서도 관심을 두고 추진하고 있다.

빨리 가려면 혼자 가고 멀리 가려면 같이 가라는 말이 있다. 소통과 융합이 강조되는 시대다. 혼자 갈 수 없다면 더불어 가는 것도 어려운 경영 환경을 극복하는 좋은 방법이다. 어찌 보면 대기업의 시장 잠식은 시간문제다. 나 홀로 감당할 수 없다면 서로 손잡고 조직을 만드는 것이 현명하다.

세상에 혼자 이루는 일은 없다. 뛰어나 보이는 개인도 팀을 이뤄 도와주는 동료가 없다면 괄목할 만한 성과를 내기 어렵다. 사업 또한 혼자 힘으로 완성할 수 있는 것이 아니다. 언제나 보이지 않는 조력자가 뒤에서 도와주기 마련이다. 중국의 사상가 한비자는 "삼류 경영자(下君)는 자신의 능력을 사용하고, 이류 경영자(中君)는 다른 사람의 힘을 이용하고, 일류 경영자(上君)는 다른 사람의 지력(智力)을 사용한다"라고 했다. 경영은 사람이 중요하다. 경영이 사람에 관한 것이라면 좋은 사람과 함께했으면 좋겠다. 좋은 사람이 모여 사람 냄새 나는 장사를 했으면 좋겠다. 지금 주위에 소통하고 싶은 사람이 있다면 손을 내밀어라. 그리하여 서로 어깨동무하고 더불어 길을 걸어가는 것은 어떨까.

Chapter 8

정부 지원 창업자금
100% 활용법

⦂ 새롭게 바뀌는
정부 지원 창업자금 대출

서울신용보증재단에서 지원하는 창업 보증은 거의 유일하게 접근할 수 있는 정부 지원 창업자금 대출이다. 여기서는 2016년에 새롭게 바뀐 서울신용보증재단의 창업자금 특별보증 지원 제도를 설명하기로 한다.

2016년부터 확연히 달라진 점은 대출 보증한도의 산정 방식이다. 창업 보증의 경우 대출할 수 있는 금액이 최대 5,000만 원 이내인 것은 종전과 동일하나, 전체 금액이 일반보증한도와 추가보증한도로 구분되었다는 점이 다르다. 정리하면 아래 그림과 같다.

출처 : 서울시 자영업지원센터 창업교육 교재

●●● 나의 대출 가능 금액은 얼마일까

설명하자면 2016년 상반기까지는 최대 5,000만 원 이내에서 창업자의 신용 상태와 일반 현황을 평가해 대출 가능 금액을 결정했다. 그런데 새롭게 바뀐 규정에서는 기존 창업자의 일반보증한도를 3,000만 원으로 낮춰 제한하고, 예비 창업자의 보증한도를 기본 3,000만 원에 추가보증 2,000만 원을 더해 총 5,000만 원으로 배정했다. 기존 창업자의 일반보증한도를 낮추고 예비 창업자의 추가보증한도를 도입한 이유는 예비 창업 단계에서부터 내실 있는 창업 준비를 유도함으로써 실패율을 낮추고 사업 성공 확률을 높이려는 의도다. 즉 추가로 배정한 추가보증한도는 순수하게 사업을 시작하기 전인 예비 창업자에 한하여 부여하는 점수이므로, 창업 전부터 상담을 통해 대출을 준비한다면, 좀 더 체계적이고 안정적으로 대출을 받을 수 있다는 것이다.

서울신용보증재단 자영업지원센터를 운영함으로써 점진적으로 예비 창업자의 창업자금 지원 규모를 확대하고, 기존 사업장의 창업자금 지원을 축소해서 운영할 계획이다. 따라서 서울신용보증재단의 창업자금을 지원받으려면 창업을 준비하는 예비 창업 단계에서부터 상담과 컨설팅을 받는 것이 유리하다(대표번호 1577-6119). 이러한 사실을 모르고 사업자등록증을 발급받고 창업자금 대출을 신청한다면 대출 한도가 줄어들게 된다.

2016년 새롭게 바뀐 서울신용보증재단의 창업자금 특별보증 규정을 좀 더 살펴보면 다음 그림과 같다.

• 서울신용보증재단 창업자금 특별보증 규정 •

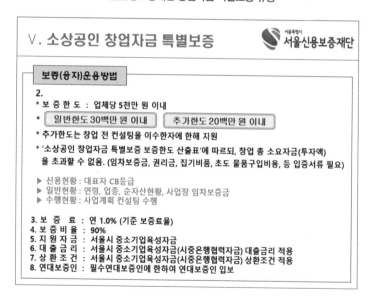

출처 : 서울시 자영업지원센터 창업교육 교재

일반보증한도는 사업자등록증을 발급받고 창업한지 1년 이내 사업자에게 적용되는 것인데, 신용 현황이 50점으로 전체 3,000만 원 일반보증한도의 50%를 차지한다. 여전히 신용등급이 중요하다. 나머지 창업자의 일반 현황 50점은 연령(10점), 업종(10점), 순 자산(15점), 사업장 임차보증금(15점)으로 구성되어 있다. 이렇게 신용 현황과 일반 현황을 합쳐 100점 만점으로 최대 3,000만 원까지 대출할 수 있다.

추가보증한도는 창업 전 단계인 예비 창업자에게 부여하는 것으로 서울신용보증재단 자영업지원센터 소속 컨설턴트로부터 받은 컨설팅 평가 점수를 반영하여 대출 가능 금액을 결정한다. 평가 방식은 전반적인 창업 준비 상태와 사업계획서 작성 등을 종합하여 점수를 산정한다.

창업 전 예비 창업 단계에서 이렇게 평가한 일반한도와 추가한도를 합산하여 최종 대출 가능 금액이 결정한다. 그러므로 높은 점수를 받으려면 창업 전 신용등급 관리를 통해 신용등급을 높이는 것이 좋다. 또한 사업계획을 철저하게 수립하고 계획서를 작성함으로써 높은 점수를 받는 것이 대출 가능 금액을 올리는 요령이다.

• 서울신용보증재단 창업자금 특별보증 신청 자격 •

V. 소상공인 창업자금 특별보증

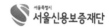

지원목적

재단 또는 유관기관의 창업교육 및 컨설팅을 받은 사업 성공률이 높은
소상공인을 대상으로 창업자금 특별보증을 지원하여 효율적인 창업 성과 및
일자리 창출

보증(융자)운용방법

1. 대 상 기 업 : 다음의 요건을 모두 충족하는 기업

▶ 재단 또는 유관기관의 창업교육을 이수한 자로,

창업(사업자등록증 개업연월일 기준) 후 1년 이내의 소상공인

단, 사업자등록을 필한 후 사업장이 확보(자가구입 또는 임대차계약 완료 후 보증금 완납)

된 경우에 한함

▶ 업종전환 및 사업장이전 등 경영개선이 필요한 소상공인

(업종전환 및 사업장이전 후 사업자등록증 발급일 기준 1년 이내)

▶ 교육수료일로부터 18개월 이내 신청한 경우에 한함

출처 : 서울시 자영업지원센터 창업교육 교재

　　서울신용보증재단의 창업 보증은 사업장 소재지가 서울특별시에 위치한 사업자만 신청할 수 있다. 만약 지방에 사업장이 있다면 지방 관할 지역 신용보증재단에서 상담할 수 있다. 같은 신용보증재단이기는 하지만, 각 지역 재단별로 대출 규정과 평가 방식이 다르므로 지방에서 창업을 준비하는 창업자는 직접 신용보증재단중앙회(www.koreg.or.kr)를 통하여 관할 지역 재단에 신청해야 한다.

　　서울신용보증재단 창업 보증의 지원 목적은 소상공인이 성공적으로 창업할 수 있게 돕는 것은 물론 새로운 일자리를 창출하는 것이다. 신청 대상 기업은 재단 또는 유관 기관의 창업교육을 이수하고 컨설팅을 받은 자로, 사업자등록증을 발급받은 지 1년 이내 소상공인이라면 창업 보증을 신청할 수 있다. 또한, 업종 전환과 사업장 이전의 경우도 새로운 창업으로 간주하므로 동일한 조건으로 신청할 수 있다.

●●● 대출금은 창업 후에 받을 수 있다

서울신용보증재단에서 지원하는 창업자금 대출은 사업자등록증을 발급받은 이후에 실행된다. 창업 전 사전 상담을 통해 일반보증한도와 추가보증한도를 산정했다 하더라도 실제 대출은 사업자등록증을 발급받은 이후에 실행된다는 것이다.

사업자등록증을 발급받으려면 임대차계약서를 작성하고 보증금이나 때에 따라서는 권리금을 지불해야 한다. 이 말은 창업자가 가지고 있는 자기 돈을 먼저 투자하고 나서 나중에 창업자금 대출을 신청해야 한다는 의미다. 선투자(先投資), 후지원(後支援) 제도인 셈이다. 간혹 창업대출이라고 해서 창업하기 전(사업자등록증 발급 전)에 자금을 지원받을 수 있다고 생각하는 이가 있는데 그렇지 않다. 창업 전 상담을 통해 대출 가능 금액을 알아볼 수는 있으나 실제 대출 실행은 사업자등록증을 발급받은 이후라는 사실을 알아두자.

●●● 창업교육은 미리미리

서울신용보증재단의 창업 보증을 신청하려면 두 가지가 필요한데, 하나는 앞서 설명한 사업자등록증이고, 또 하나는 창업교육 수료증이다. 창업교육 수료증은 서울신용보증재단 자영업지원센터(www.seoulsbdc.or.kr)의 소상공인창업아카데미 교육을 수료하면 받을 수 있다. 온라인과 오프라인 교육이 있는데 온라인 교육은 20시간 이상, 오프라인 교육은 12시간 이상을 받으면 된다. 창업교육에 대한 정보를 몰라 자금 조달 시기가 늦어지는 경우가 종종 있다. 서울신용보증재단의 창업자금을 신청할 계획이라면 조금이라도 시간적 여유가 있을 때 미리미리 창업교육을 받아두는 것이 좋다. 창업교육의 유효 기간은 18개월이다.

●●● 창업 소요 자금 한도 범위 내

서울신용보증재단의 창업보증 지원 규정에는 "창업 소요 자금 투자액을 초과할 수 없다"라는 말이 있다. 이는 창업 시 투자한 금액 범위 안에서 대출을 신청할 수 있다는 말이다. 쉽게 말하자면 가령 신용등급이 최고 등급이고 나머지 항목에서 만점을 받아 대출 가능 금액이 5,000만 원이 나왔다고 해도 창업하면서 든 비용이 1,000만 원이라면 대출 가능 금액은 1,000만 원이라는 것이다. 창업하면서 소요된 투자 비용 한도 내에서만 대출 신청을 할 수 있다는 의미다. 따라서 보증 심사 시 창업 투자 증빙서류 제출을 요구받을 경우를 대비하여 창업 시 투자한 비용은 적절한 증빙서류를 갖춰놓는 것이 좋다.

●●● 모든 비용 처리는 은행을 통해서

적절한 투자 증빙 방법이란 어떤 것일까? 증빙 방법을 제대로 잘 알아보자.

창업하면 투자 비용이 발생한다. 예를 들어 사업장 임차보증금, 권리금, 시설비, 설비·장비 구입비, 사업 초기 상품 매입비, 집기·비품 구입비 등으로 말 그대로 창업하면서 지출되는 모든 비용이다. 창업 후 발생하는 매출액이 아닌 사업 준비를 위해 투자한 사업 초기 투자 비용을 말한다. 창업자금 대출을 신청하려면 이 투자 비용들을 적절히 증빙해야 한다.

우선 사업장이 있다면 임차보증금이 대표적인 투자 비용이다. 별도 서류 없이 임대차계약서를 제출하면 인정받을 수 있다.

논란의 소지가 많은 권리금도 투자 비용이다. 법적으로 보호받지 못하는 비용이라고는 하지만, 창업자금 대출을 신청할 때는 적절한 증빙서류를 제출한다면 투자 비용으로 인정받을 수 있다. 적절한 증빙서류란 권리금양수·양도계약서와 은행을 통한 송금내역이다. 따라서 권리금을 투자 비용으로 인정받고 싶다면 권리금 지불 전 권리양수·양도계약서를 작성하고 돈을 은행을 통해 송금해야 한다.

인테리어 시설비, 장비 구입비, 초기 상품 매입비, 사업장 집기·비품 구입비 등도 투자 비용이다. 투자 증빙으로 인정받으려면 지출 비용 서류를 관련 서류와 함께 제출하면 된다. 은행을 통해 송금한 통장 사본이나 무통장 입금증과 함께 지출 비용에 대한 세금계산서, 계약서, 견적서, 거래명세표, 영수증 등 비용 지출을 증빙할 수 있는 서류를 준비하면 된다. 송금내역서와 함께 앞에서 언급한 여러 가지 서류 중 하나만 제출하면 된다.

창업을 준비하면서 물건을 구입하다 보면 현찰로 거래할 때 '에누리'의 혜택을 받을 수 있어 '현찰 박치기'로 현금을 주고받는 경우가 많다. 안타깝지만 은행을 통한 송금내역이 없다면 현금 거래 후 영수증 제출만으로는 인정받기 어렵다. 관례상 현금을 주고받는 업종이라고 해도 예외는 없다. 따라서 반드시 대표자 이름으로 은행을 통해 송금하여 근거 서류를 남겨 놓아야 한다. 부부가 같이 도와서 하는 사업이라고 해도 사업자등록증상 대표자 이름으로 모든 비용을 처리해야 제대로 증빙받을 수 있다. 물론 돈을 받는 사람도 계약서나 거래명세표, 영수증에 명시된 본인 당사자라야 한다. 반드시 세금계산서를 제출할 필요는 없다. 반대로 세금계산서만 제출해서는 안 되고, 세금계산서를 주고받았다고 하더라도 송금내역이 없다면 인정받을 수 없다.

신용카드 사용은 어떨까? 창업을 위해 신용카드를 사용하면서 할부로 결제했다면, 앞으로 다가올 신용카드 결제 대금은 현재로써는 부채다. 신용카드는 지금 쓴 돈을 앞으로 몇 달간 나눠서 갚는 구조로 되어 있다. 결제가 완료된 비용은 인정되지만, 앞으로 결재해야 할 대금은 대출로 보는 것이 타당하다. 따라서 신용카드 할부 결제 시 결제한 금액만큼만 인정받을 수 있다.

창업 소요 비용이 전혀 없는 경우는 어떨까? 업종의 특성상 투자 비용이 아주 조금 들어가거나 전혀 들어가지 않는 경우도 있다. 창업에 소요된 비용이 없다면 규정상 지원받을 수 없다. 즉 창업하면서 투자한 비용 없이 사업자등록증만 발급받았다면 대출 신청이 안 된다는 것이다.

다시 정리하면 이렇다. 창업을 위해 지출한 모든 비용은 은행을 통해 송금해야 인정받을 수 있다. 송금내역과 함께 관련 증빙서류를 제출해야 인정받을 수 있다. 송금은 반드시 대표자 이름으로 하고 받는 수취인도 계약서나 영수증에 나와 있는 사람이어야 한다. 신용카드 사용은 결재된 금액만큼만 인정받을 수 있다. 창업에 소요된 비용이 없다면 규정상 지원받을 수 없다.

⋮ 신용등급은 여전히 중요하다

창업자금 대출 한도를 높이려면 신용등급이 높아야 한다고 말했다. 신용등급에 따라 대출 한도가 달라지므로 신용등급이 결정되는 체계와 신용등급 관리 방법을 다시 한 번 정리해보자.

　창업하면서 자금을 조달하는 방법은 크게 두 가지가 있다. 자기 자본 또는 타인자본으로 창업하는 방법이다. 즉 순수하게 자기 돈으로 투자하여 창업하는 방법과 다른 사람의 돈을 빌리거나 지원받아 투자하는 방법이다. 자기자본으로 창업할 수 있다면 대출에 크게 신경 쓸 것이 없겠지만, 창업자의 과반수가 창업 시 가장 어려운 점이 '창업자금의 확보'라고 말한 것에서 알 수 있듯이 대부분 창업자는 자금 조달에 어려움을 겪는다.

　타인자본도 크게 두 가지로 나뉜다. 가족이나 친인척, 친구나 지인으로부터 사적으로 돈을 빌리는 경우도 있고, 은행에서 부동산 담보대출이나 신용대출을 하거나 보험사, 리스 등 금융기관으로부터 자금을 조달하는 방법이 있다. 여기서 소개하고자 하는 서울신용보증재단의 창업자금 대출도 일종의 금융권 대출이다. 돈은 은행에서 빌리지만 보증은 보증기관에서 서는 것이니, 엄밀히 말하자면 보증기관을 통해 금융권에서 신용대출을 받는 셈이다. 그럴 때 필요한 것이 신용등급이다. 보증기관은 보증 신청 기업의 대표자 신용등급을 평가하고 판단하여 보증금액을 결정하므로 신용등급이 대출 한도를 결정짓는 중요한 요소가 된다. 그러므로 서울신용보증재단의 창업자금 대출을 신청할 계획이라면, 최소한 창업 6개월 전부터 신용등급 관리를 하는 것이 좋다.

　개인 신용등급이 평가되는 과정을 먼저 알아보자. 신용정보는 크게 두 군데서 취합하는데, 하나는 은행, 신용카드 회사, 저축은 행, 캐피털 등 은행연합회의 금융권에서 취합하는 정보가 있고, 또 하나는 통신사, 백화점, 유통 업체, 대부 업체 등 비금융권에서 취 합하는 정보가 있다. 즉 은행과 같은 금융권 거래뿐만이 아니라 백 화점 같은 비금융권 거래도 개인 신용등급 평가에 반영된다는 것이 다. 이렇게 수집한 정보는 신용평가 회사로 모이게 된다.

개인 신용등급은 신용정보 회사를 통해 수집한 정보를 여러 가 지 복잡한 평가 요소들을 반영하여 통계 분석 방법으로 계산하여 도출하는데, 각 항목에 따라 중요한 부분과 상대적으로 덜 중요한 부분이 있다. 신용평가에 필요한 항목들을 구분하여 항목별로 중요 도를 결정하고, 세부 항목으로 나누어서 종합적으로 평가하게 된 다. 항목별 신용평가 요소 및 활용 비중은 다음과 같다.

· 개인 신용평가 요소 및 활용 비중 ·

평가 요소	평가 요소의 상세 내용	활용 비중
상환 이력 정보	현재 연체 보유 여부 및 과거 채무 상환 이력	40.3%
신용 형태 정보	신용거래 종류, 신용거래 형태(상품별 건수, 활용 비중)	25.8%
현재 부채 수준	채무 부담 정보(대출 및 보증채무 등)	23.0%
신용거래 기간	신용거래 기간(최초, 최근 개설로부터 기간)	10.9%
신용정보 조회	신규 신용거래를 위한 신용 활동 정보(조회 건수 등)	0.0%
계		100.0%

●●● 상환 이력 정보

개인 신용평가에서 가장 많은 비중(40% 이상)을 차지하는 항목이다. 상환 이력 정보란 개인이 채무를 기한 내 상환했는지, 과거 연체 경험이 있는지 등에 대한 정보다. 일반적으로 장기연체는 상환 후 최장 5년 동안 신용 평점에 영향을 미치게 된다. 대출할 경우 정해진 날짜에 따라 약속한 금액을 정확히 갚는 것이 핵심이다. 따라서 연체는 절대 금물이다.

●●● 신용 형태 정보

개인 신용 평점에서 두 번째로 많은 비중을 차지하는 신용 형태 정보는 신용거래의 종류에 따른 채무 상환 부담의 차이가 신용평가에 반영되는 항목이다. 고금리 이자를 지불하는 대출이 많을수록 부정적 영향을 미친다. 즉 제2금융권, 캐피털 회사 등에서 고금리의 대출을 받았다면 신용등급에 나쁜 영향을 미칠 수 있다. 신용카드를 이용하는 패턴은 개인의 신용카드 사용 실적의 건전성을 판별하는 중요한 요소이므로 신용평가에 차별화하여 반영할 수 있다. 따라서 대출은 가능하면 제1금융권에서 하고, 신용카드는 연체 없이 규칙적으로 사용하는 것이 좋다.

●●● 현재 부채 수준

현재 부채 수준은 개인이 현재 보유한 대출, 보증 등 상환이 필요한 채무에 대한 정보다. 개인이 보유한 부채 규모가 크고 많을수록 신용평가에 부정적 영향을 미친다. 또한, 보증채무가 많을수록 신용평가에 부정적 영향을 미치게 된다. 현금 서비스 역시 단기간에 자주 사용하면 신용 평점에 나쁜 영향을 준다.

●●● 신용거래 기간

신용거래 기간이란 신용 개설, 대출, 보증 등 신용거래 활동을 시작한 후 거래기간에 대한 정보다. 신용거래 기간이 길수록 신용 평점 우량 요인으로 반영된다. 카드사나 금융기관에 우수한 단골고객으로 남으면 신용등급에 긍정적 영향을 준다. 신용카드 해지는 신용 평점에 영향을 주지 않는다.

●●● 신용정보 조회

신용정보 조회란 금융기관 등이 대출, 신규 카드 발급, 할부 금융 대출 등을 목적으로 개인의 신용정보를 조회한 기록이다. 흔히 대출받으려고 여러 곳에 문의한 조회 기록 때문에 신용등급이 떨어지는 것으로 알고 있는데, 본인의 신용등급 관리를 목적으로 신용정보 회사에 직접 조회하는 경우에는 신용등급 하락에 아무런 영향을 미치지 않는다.

●●● 신용등급은 1등급에서 10등급까지

신용 평점은 1,000점이 만점이다. 1,000점 만점의 신용 점수를 구간별로 나누어서 신용등급을 결정하게 된다. 1등급이 최우량 등급이고, 10등급이 최하위 등급이다.

· 개인 신용등급 체계와 등급별 특징 ·

	등급	신용 평점	특징
1	최우량 등급	1,000~900	신용도는 매우 우량, 건전한 신용 활동 유지, 최상위 신용등급
2		899~870	신용도는 매우 우량, 건전한 신용 상태 유지, 상위 신용등급
3	우량 등급	869~840	신용도는 우량한 상태, 안정적 신용거래 유지
4		839~805	신용도는 우량한 상태, 단기연체가 없는 신용 활동
5	일반 등급	804~750	신용도는 보통 이상이며, 장기연체가 없는 신용 활동
6		749~665	신용도는 보통 수준, 장기연체는 없으나 약간의 신용 위험은 존재
7	주의 등급	664~600	신용도는 다소 우려되는 수준이나 기존 거래는 유지할 수 있는 수준
8		599~517	신용도가 우려되는 수준으로 부실화 진행

9	위험 등급	516~445	신용도가 낮은 상태로 부실화 요인이 현재화되어 있는 상태
10		444 이하	신용도가 매우 낮은 상태로 부실화, 신용거래가 문제 있는 상태

출처 : NICE 신용평가정보 마이크레딧

신용등급 올리는
창업 신용 관리 新 10계명

●●● 1계명, 창업 전 신용등급을 자주 확인하라

창업 전 본인의 신용등급을 확인하여 적극적으로 관리해야 한다. 신용등급 확인을 통하여 혹시라도 모르는 신용정보 등록·누락에 따른 불이익을 당하지 않도록 해야 한다. 신용정보법 시행령이 개정되면서 본인의 신용등급 관리를 목적으로 신용조회를 하는 것은 신용등급에 영향을 미치지 않는다. 따라서 본인의 신용등급을 조회하여 관리하는 것이 신용등급 관리를 요령 있게 하는 것이다. 개인의 신용등급은 신용정보 회사 홈페이지 마이크레딧(www.mycredit.co.kr), 올크레딧(www.allcredit.co.kr), 크레딧뱅크(www.credit-bank.co.kr)에서 무료로 확인할 수 있다.

신용등급은 여러 가지 복잡한 변수에 의해 계산되므로 대출금을 상환한다고 해서 신용등급이 바로 올라갈 확률은 낮다. 특히 신용등급은 점수가 구간별로 나뉘어 있어서, 점수 몇 점 올라간다고 해서 신용등급이 바로 올라가는 것은 아니다. 하지만 신용정보를 수집하고 점수를 환산하는 신용등급 체계의 메커니즘을 안다면, 신용 관리의 한 방법으로 정당하게 상환한 기록을 적극적으로 신용등급에 반영하도록 노력할 수 있다. 창업 전 신용등급을 확인함으로써 성공 창업의 첫 단추를 잘 끼워보자.

••• 2계명, 연체는 신용등급 하락의 지름길이다

신용평가 시스템에서도 보았듯이 개인 신용평가 요소 중 상환 이력 정보가 가장 많은 비중을 차지한다. 즉 적은 금액이라도 연체하게 되면 신용등급에 나쁜 영향을 미친다. 금융권 대출금은 물론이고 카드 이용 대금, 공과금, 휴대전화 요금, 각종 세금 등도 절대 연체하지 않도록 주의해야 한다. 90일 이상 연체일 경우 최장 5년까지 영향을 주므로 오랜 기간 꼬리표처럼 따라다니게 된다. 10만 원 미만의 연체는 신용등급에 영향이 없으며, 연체 발생 시 5일 안에 상환해야 신용등급에 영향을 주지 않는다. 따라서 소액이라도 연체가 발생하지 않도록 주의해야 하며, 혹시 모르는 사이 연체가 발생했다면 확인 즉시 빠르게 해결해야 불이익을 막을 수 있다.

••• 3계명, 대출금부터 갚고 창업 준비하라

본인의 능력보다 과도한 대출을 보유하고 있다면 좋은 신용평가를 받기 어렵다. 담보대출이라도 대출 횟수나 금액이 많으면 부정적인 요인이 된다. 따라서 대출 건수를 줄이면 신용등급 상승에 긍정적인 요인으로 작용한다. 신용등급이 단순히 대출금을 일부 상환한다고 바로 오르지는 않지만, 전략적인 상환 계획으로 신용등급 상승을 시도해봐야 한다.

우선 대출이 있다면 대출금 상환은 신용등급 상승에 도움이 된다. 하지만 어떤 대출금은 얼마나 갚아야 신용등급이 상승하는지 예측하기란 쉽지 않다. 기본적인 공식은 대출금은 오래된 것부터, 금액이 많은 것부터, 제2금융권 대출부터 상환하는 것이 유리하다. 본인의 신용등급과 대출 거래 정보를 확인하고 상환 계획을 실천하는 것이 바람직하다.

마이너스통장 개설도 주의해야 한다. 알아두어야 할 점은 마이너스통장도 대출이라는 점이다. 대출이라는 단어가 들어가 있지는 않지만 엄연한 대출이다. 하지만 많은 사람이 마이너스통장은 대출로 생각하지 않고, 사용하지 않으면 그만이라고 생각한다. 마이너스통장 한도를 설정하고 개설하게 되면 그 한도만큼 사용 여부와는 상관없이 부채로 인식하게 된다. 만약 마이너스통장 한도를 1,000만 원으로 설정하고 개설했다면, 대출 1,000만 원이 발생한 것이다. 마이너스통장을 사용하지 않았거나 일부만 사용했다고 하더라도 대출 금액은 1,000만 원으로 정해진다. 마이너스통장이 반드시 신용등급에 나쁜 영향을 미치는 것은 아니지만, 사용하지 않는 마이너스통장이라면 해지하는 것이 유리하다.

••• 4계명, 신용카드, 안 쓰기보다는 잘 쓰라

고등학교를 갓 졸업한 사람이나 외국에 오래 살다가 온 사람의 신용등급은 어떨까? 대출도 없고 연체도 없으니 높은 등급이 나올까? 그렇지 않다. 신용평가 회사에서는 개인 신용평가를 위한 신용카드 사용 실적이나 신용거래 기록이 없으므로 중간 등급을 부여하게 된다. 따라서 적당한 신용카드 사용이 오히려 신용등급을 올리는 데 도움이 된다.

그렇다면 신용등급을 올리려면 신용카드는 어떻게 사용하는 것이 좋을까? 우선 본인에게 혜택이 많이 주어지는 카드를 한두 개 선택해서 연체 없이 꾸준히 사용하는 것이 중요하다. 한 달에 30만 원 이상을 일시불로 결제하며 정기적으로 사용하는 것이 좋다. 신용등급을 올리고자 신용카드를 무조건 많이 사용하기보다는 신용카드 이용 한도액의 30~40% 이내로 꾸준히 사용하는 것이 낫다. 또한, 사용하지 않는 신용카드는 해당 카드사에 연락해 회원 탈퇴를 신청하고 신용거래 정보 삭제를 요청해야 한다. 단순히 사용하지 않거나 잘라버린다고 해서 자동으로 정보가 없어지는 것은 아니다. 보유한 신용카드 개수가 단기간에 지나치게 많아지면, 신용에는 오히려 안 좋은 영향을 미칠 수 있다.

●●● 5계명, 어쩔 수 없이 대출해야 한다면 현명하게 결정하라

창업을 준비하다 보면 돈 들어갈 일이 많다. 언제나 예상보다 추가되는 비용이 발생한다. 그러다 보니 여기저기서 대출받아 사용하는 경우가 있다. 우선 어쩔 수 없이 대출해야 한다면 제1금융권을 이용하는 것이 좋다. 제2금융권이나 대부 업체를 이용한다면 신용등급에 더 불리한 영향을 미칠 수 있다. 또한, 대출금이 크거나 건수가 많을수록 불리하다. 현금 서비스나 카드론의 빈번한 대출은 자금 경색으로 평가되어 신용등급을 떨어뜨릴 수 있다. 따라서 어쩔 수 없이 대출해야 한다면 여러 금융회사에서 조금씩 받기보다는 한 금융회사에서 한꺼번에 많이 받는 것이 유리하다. 예를 들어 현금 서비스 100만 원을 각 금융회사에서 세 번에 걸쳐 받는 것보다 한 금융회사에서 300만 원으로 한 번 받는 것이 그나마 유리하다는 것이다.

●●● 6계명, 주거래 은행을 만들라

금융거래는 주거래 은행에 집중해서 거래 실적을 많이 쌓는 것이 좋다. 신용평가 회사는 고객의 신용을 평가할 때 은행과의 거래 실적을 중요하게 반영하기 때문이다. 카드 결제 대금 납부, 공과금 이체, 통신료 납부, 급여 이체 등 금융거래를 주거래 은행으로 집중

하는 것이 신용 관리에 도움이 된다. 게다가 주거래 은행과의 신용이 쌓이면 우대금리, 수수료 면제 등 각종 혜택을 받을 수 있다. 따라서 단골 주거래 은행을 만드는 것이 유리하다.

● ● ● 7계명, 보증도 '빚'이다

"인간성이 좋은 사람은 신용등급이 낮다"라는 말이 있다. 그런 사람은 가까운 지인이나 친인척으로부터 채무보증을 부탁받는 경우가 많은데, 거절하지 못하고 쉽게 서주기 때문이다. 타인의 대출에 보증을 서는 것은 본인의 대출 한도를 줄이거나 떨어뜨리는 요인으로 작용한다. 불가피한 보증을 섰다면 보증 기간 만료일을 확인하고 상대가 허락 없이 연장하지 않도록 관리해야 한다. 신용평가 기관에서는 보증 자체를 대출과 같이 채무의 의미로 받아들인다. 인간성을 택할 것인지, 신용등급을 택할 것인지는 각자의 몫이다.

● ● ● 8계명, 자동이체를 활용하라

공과금이나 휴대전화 고지서가 도착했는데도 제때 내지 못한다면 신용등급 하락의 원인이 된다. 이런 경우를 대비해서 각종 공과금 및 통신 요금 등의 자동이체를 신청하면 자신의 부주의 때문에 발생하는 연체를 방지할 수 있다. 또한, 주거래 은행은 자동이체 고객을 선호하므로 신용 평점도 올릴 수 있다. 통장 잔액이 부족해서 연체되지 않도록 통장 잔액을 수시로 확인하는 것이 좋다.

●●● 9계명, 신상 정보 변경 시 금융기관에 통지하라

주소지나 휴대전화 번호 등 개인 신상 정보가 변경되면 해당 금융기관에 통보해야 한다. 청구서를 받지 못해 자신도 모르게 연체되는 경우를 방지해야 한다.

●●● 10계명, 불법 대부업체는 멀리하라

대출이 필요하다면 제도권 금융회사를 이용하고, 어쩔 수 없이 대부업체를 이용해야 한다면 등록 대부업체인지 반드시 확인해야 한다. 대부업체 등록 여부는 금융감독원의 서민금융1332(http://s1332.fss.or.kr), 대부금융협회(www.clfa.or.kr)에서 확인할 수 있다. 미등록 대부업체는 금리가 황당할 정도로 높을 뿐만이 아니라 불법 추심 등으로 심각한 피해를 볼 수 있다.

정부 지원도 '빚'이다

지금까지 새롭게 바뀐 서울신용보증재단 창업자금 특별보증 지원 방법을 알아보았다. 하지만 반드시 짚고 넘어가야 할 것은 정부 지원 자금도 엄연한 빚이라는 사실이다. 남의 돈으로 사업을 시작해 이익을 남길 수 있다는 것이 달콤하면서도 똑똑한 경영인 듯 보인다. 하지만 남에게 빚을 진다는 것은 그만큼 위험부담을 떠안는다는 것을 의미하기도 한다. "빚은 가난한 사람을 노예로 만든다" 라는 말이 있다. 경기가 좋고 사업이 잘 굴러갈 때는 크게 문제 될 것이 없다. 오히려 남의 돈으로 투자해서 수익을 내는 것이 효율적 측면에서는 더 현명한 경우도 있다. 문제는 경기가 요동치고 한 치 앞을 내다볼 수 없는 상황에서 '빚'은 언제든 '대출의 늪'에 빠져 헤 어나오지 못하게 할 수도 있다는 것이다.

사람들이 대출에 관심이 있는 것에는 우선 대출받아 일단 창업 하고 보자는 심리도 한몫한다. 정부에서 저금리로 대출해준다는 말 만 믿고 준비가 안 된 상태에서 무리하게 창업하는 것도 문제다. 정 부 지원 대출이 창업하는 이유가 되어서는 안 된다.

정부 지원 창업자금은 눈먼 돈이 아니다. 어려운 시기를 잘 극 복하고 유용한 지렛대로 사용하라고 만들어놓은 지원 제도이다. 그 런 도움의 손길이 있는 줄 모르고 무리한 대출로 사업 초기 어려움 을 겪은 사업자를 나는 많이 보아왔다. 이 글을 쓰는 목적 중 하나 도 정부에서 지원하는 저금리의 창업자금 지원 제도를 모르고 살인 적인 금리의 대부 업체나 캐피털사를 이용하는 것을 막자는 데 있 다. 또한, 유용한 정보와 지식을 습득하는 방법을 배워 앞으로도 순 조롭게 창업하기를 바라는 마음이다.

대출은 감당할 수 있을 만큼만 받아야 하고, 상환 계획을 세우 고 사용해야 한다. 어쩔 수 없이 받는 대출이라면 충분한 사전 상담 을 통해 꼼꼼히 따져보고 받아야 한다. 무리한 투자는 언제든 발목을 잡게 마련이다. 착한 금융, 정부 지원 대출도 언젠간 갚아야 하는 빚이라는 사실을 잊지 말자. 창업을 빚으로만 시작하지 말기를 바란다. 중년에 신용마저 잃는다면 무엇이 남겠는가. 자기 돈 없이 대출만으로 시작하는 창업은 무모한 시도다.

중년을 위한 창업의 정석

초판 1쇄 인쇄 2016년 12월 8일
초판 1쇄 발행 2016년 12월 12일

지은이 김준호

발행인 김기중
주 간 신선영
편 집 박이랑, 강정민, 김계영
마케팅 정혜영
펴낸곳 도서출판 에밀
주 소 서울특별시 마포구 양화로 16길 18(서교동) 3층, (우)04039
전 화 02-3141-8301~2
팩 스 02-3141-8303
이메일 thesouppub@naver.com
페이스북 페이지 @thesoupbook
출판신고 2012년 10월 10일 제2012-000321호

© 김준호, 2016, Printed in Seoul, Korea

ISBN 979-11-86706-02-2 (03320)

에밀은 도서출판 더숲의 임프린트입니다.